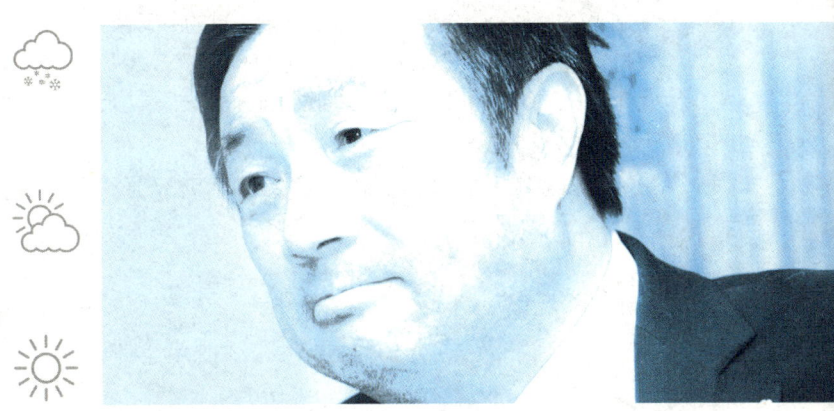

任正非
华为的冬天

唯有惶者才能生存的冬天哲学

陈广 / 著

深圳出版社

图书在版编目（CIP）数据

任正非：华为的冬天：唯有惶者才能生存的冬天哲学 / 陈广著 . -- 深圳：深圳出版社，2015.5（2024.10 重印）. -- ISBN 978-7-5507-1305-5

Ⅰ．F632.765.3

中国国家版本馆 CIP 数据核字第 2024RT5937 号

任正非：华为的冬天 —— 唯有惶者才能生存的冬天哲学
Renzhengfei：Huawei De Dongtian——Weiyou HuangZhe Cainen Shengcun De Dongtian Zhexue

出 品 人	聂雄前
责任编辑	张绪华
责任技编	梁立新
封面设计	元明·设计

出版发行	深圳出版社
地　　址	深圳市彩田南路海天综合大厦（518033）
网　　址	www.htph.com.cn
订购电话	0755-83460239（邮购、团购）
设计制作	深圳市知行格致文化传播有限公司
印　　刷	深圳市希望印务有限公司
开　　本	787mm×1092mm　1/16
印　　张	15.25
字　　数	171 千
版　　次	2015 年 5 月第 1 版
印　　次	2024 年 10 月第 24 次
定　　价	39.00 元

版权所有，侵权必究。凡有印装质量问题，我社负责调换
法律顾问：苑景会律师 502039234@qq.com

华为总会有冬天,准备好棉衣,比不准备好

——任正非

前言
PREFACE

对企业成长的历史稍有研究的人都知道，世界上没有任何一家企业的生命能超过1000年，甚至没有一家企业能活过500年，就算超过300年历史的企业，如今也很难找到。

死亡是任何一个企业所必须面临的，谁也逃不掉，只不过有的死得早一点，有的死得晚一点而已。生存是残酷的，有时候不带半点仁慈。

华为总裁任正非在《华为的冬天》这篇管理名作中写道："公司所有员工是否考虑过，如果有一天，公司销售额下滑、利润下滑甚至破产，我们怎么办？""华为总会有冬天，准备好棉衣，比不准备好。"

任何一个企业的成长，如果没有冬天的磨砺，是不可能成为真正成功的企业的，只有熬过漫漫寒冬，才能谈得上持续发展，也才能谈得上和国际一流企业竞争。冬天是企业的一种正常生态。没有经历过冬天洗礼的企业不是真正意义上的成功企业。

从《华为的冬天》中，我们可以深刻地看出任正非时刻都充满危机感，并希望将这种危机意识传递给每一位华为员工。

任正非作为一个企业家的爱国情怀、忧患意识及对企业管理的纵深思考，显示了华为这个企业的成长基于一个一般中国企业所不能企及的思想高度，这种忧患意识也成为华为不断发展壮大的内在动力。而对于众多中国企业来说，这些观念无疑具有振聋发聩的意义。

任正非认为，冬天是一定会到来的，他时刻提醒华为的员工，"萎缩、破产一定会到来！"华为人要时刻做好准备，即便不能避免这种危机，至少可以最大限度地避免企业受损。

任正非希望狂风暴雨来临的时候每一个华为人都能像蜘蛛一样，不管遭遇多少挫折和打击，都不要放弃，要尽自己最大的努力"补网"，等待危机过去；他要求华为人必须做到，在面对繁荣和赞扬时，要能像勤奋的蜜蜂一样，埋头苦干，不为得失而耿耿于怀。这种"在荣誉与失败面前，平静得像一潭湖水，就是华为应具有的心胸与内涵"的精神后来被纳入了华为的企业文化中。

《史记》中记载了"项羽破釜沉舟"的典故：项羽前锋军救巨鹿，初战失利，项羽便率大军渡过漳河，破釜沉舟以激励士气。终于杀苏角，虏王离，大败秦军于巨鹿之野。于是，世人便以"破釜沉舟"来表示下定决心，义无反顾。任正非要求每一个华为人也要做到"破釜沉舟"，只有这样，才能在强者如云的国际市场竞争中得以生存，并最终成长为全球第一的世界级企业。

本书全方位解读了华为的冬天哲学，其系统阐述的企业忧患意识与哲学，是每一个企业和个人都需要学习和借鉴的。

目录
CONTENTS

第一章 "冬天"一定会来临 / 1

第一节 向员工传递危机意识 / 3
第二节 繁荣背后要小心危机 / 8
第三节 活下来，才会有出路 / 11
第四节 熬过寒冬，才算成功 / 17
  第一次"冬天" / 19
  第二次"冬天" / 22
  第三次"冬天" / 24
  "现金为王"是硬道理 / 26

第二章 自我批判的精神 / 31

第一节 自我批判：进步的利器 / 33
第二节 任正非的自我批判精神 / 36
第三节 不能自我批判的干部将免职 / 37
第四节 各部门的自我批判 / 41

第三章 失败与成功哲学 / 45

第一节 艰苦奋斗，改变命运 / 47
第二节 "垫子文化" / 51
第三节 失败：宝贵的财富 / 55
第四节 没有成功，只有成长 / 59

第四章　团队忧患意识 / 61

第一节　向太平意识宣战 / 63
"市场部集体大辞职" / 64
"7000人集体辞职事件" / 68
第二节　归零：瓦解"工号文化" / 73
第三节　频繁的岗位轮换 / 76
第四节　非"终身雇佣制" / 83
第五节　"堡垒从内部攻破" / 87
第六节　直面员工忧郁症 / 90

第五章　敬业、牺牲与奋斗 / 95

第一节　敬业精神 / 97
第二节　牺牲精神 / 101
第三节　进取精神 / 107
第四节　奋斗精神 / 110
第五节　"永不放弃" / 113

第六章　变革，变革，再变革 / 117

第一节　淡化英雄色彩 / 119
第二节　管理职业化 / 124
第三节　"最短的木板" / 127
第四节　"三化"理论 / 131
第五节　灰度：黑白之间 / 137
第六节　严格控制成本 / 139
第七节　授权给一线团队 / 144
第八节　"群体接班" / 148
第九节　轮值CEO制度 / 155

第七章 生存的唯一理由 / 159

第一节 华为生存的唯一理由 / 161
第二节 为客户创造价值 / 165
第三节 "普遍客户"原则 / 170

第八章 不创新是最大的风险 / 175

第一节 不创新才是最大的风险 / 177
第二节 要走技术独立的路 / 181
第三节 "压强原则" / 184
第四节 持之以恒的研发投入 / 187
    为了生存而开发 / 189
    拿出销售收入的 10% 作为研发投入 / 190
第五节 "技术市场化" / 192

第九章 走出去，活下去 / 197

第一节 走出去才能活下去 / 199
第二节 抓住走出去的机会 / 204
第三节 "屡败屡战" / 208
第四节 拒绝机会主义 / 213
第五节 向对手学习 / 217

第十章 "低调教父"任正非 / 221

第一节 异乎寻常的低调 / 223
第二节 毛泽东思想印记 / 228

后记 / 233

第 一 章

『冬天』一定会来临

|任正非|

HUAWEI'S WINTER

华 为 的 冬 天

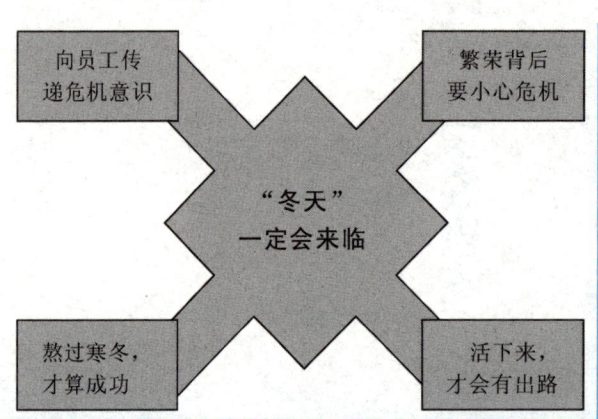

第一节 向员工传递危机意识

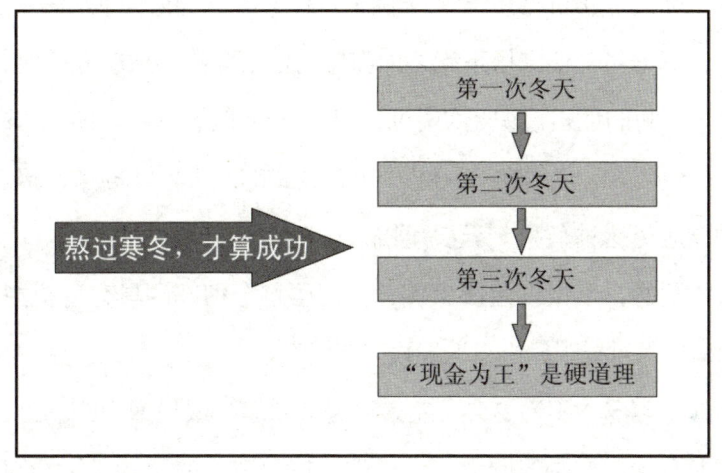

伊索寓言里有这样一则故事：一只野猪闲来在树干上磨牙，一只狐狸看见了，就问它为什么不躺下来休息享乐，况且现在并没有猎人和猎狗。

野猪回答说："等到猎人和猎狗出现的时候再磨牙就来不及啦！"

明朝作家刘元卿，在一篇题为《猱》的短文中记述了这样一个故事：猱的体形很小，长着锋利的爪子。老虎的头痒，猱就爬上去搔痒，搔得老虎飘飘欲仙。猱不住地搔，并在老虎的头上挖了个洞，老虎因感觉舒服而未察觉。猱于是把老虎的脑髓当作美味吃个精光。

19世纪末，美国康奈尔大学曾进行过一次著名的"青蛙试验"。他们将一只青蛙放在煮沸的大锅里，青蛙触电般地立即蹿了出去。后来，人们又把它放在一个装满凉水的大锅里，任其自由游动。然后用小火慢慢加热，青蛙虽然可以感觉到外界温度的变化，却因惰性而没有立即往外跳，直到后来热度难忍却失去逃生能力而被煮熟。"青蛙效应"强调的便是"生于忧患，死于安乐"的道理。

日本著名企业家松下幸之助在总结松下电器的成功经验时，强调长久不懈的危机意识是使企业立于不败之地的基础。任正非深以为然。他认为，失败这一天是一定会到来的，大家要准备迎接。即便不能避免这种危机，至少可以最大限度地避免企业受损。因此，华为需要的，不仅仅是决策层、管理层和个别部门具有危机意识，还必须加强对员工危机意识的强化与培养。

松下电器，不论是办公室，还是会议室，或是通道的墙上，随处都能看到一幅画，画上是一艘即将撞上冰山的巨轮，下面写着：能挽救这艘船的，唯有你。其危机意识可见一斑。

华为的国际竞争对手思科首席执行官约翰·钱伯斯的忧患意识超乎寻常："我深知业界竞争的残酷，在高科技领域，如果你不处在技术潮流的最巅峰，你的对手就会把你创造的东西砸得粉碎，让你的员工流浪街头。我不想悲剧在我这里发生。"

华为总裁任正非同样时刻都充满危机感，并希望将这种危机意识传递给每一位华为员工。任正非在其文章《华为的冬天》中写道："公司所有员工是否考虑过，如果有一天，公司销售额下滑、利润下滑甚至破产，我们怎么办？我们公司的太平时间太长了，在和平时期升的官太多了，这也许就是我们的灾难。泰坦尼克号也是在一片欢呼声中出的海。而且我相信，这一天一定会到来。面对这样的未来，我们怎样来处理？我们是不是思考过？我们好多员工盲目自豪，盲目乐观，如果想过的人太少，也许就快来临了。居安思危，不是危言耸听。"

如果一个企业的员工，一直沉溺于过去的辉煌，没有忧患意识和危机精神，顺境面前盲目乐观，因循守旧，不思进取，时间一长，就会被习惯性思维所控制，丧失锐气。而整个企业就可能如温水煮青蛙那样，对生存环境的变化浑然不觉，从而失去竞争力，待意识到变化来临，已无力应变，最终被市场淘汰。

闻名于世的波音公司，为了增强员工的危机意识，别出心裁地摄制了一部模拟公司倒闭的电视片，该电视片的主要内容是在一个天空灰暗的日子里，波音公司高挂着"厂房出售"的招牌，震耳欲聋的扩音器里传来"今天是波音公司时代的终结，波音公司已关闭了最后一个车间"的通知，员工们一个个垂头丧气地离开了工厂……没想到该电视片在员工中产生了巨大震撼，强烈的危机感使员工们以主人翁的姿态，努力工作，不断创新，使波音公司始终保持了强大的发展后劲。

任正非深知，一个企业在创业初期，规模、资金、市场份额和知名度都很小时，领导者容易有破釜沉舟的决心与勇气，员工们也会有团结一致的斗志。然而当企业做大之后，领导者往往贪图安逸享乐，员工心态巨变，内部勾心斗角，企业亲和力急剧下降。这也正是许多著名企业最终落败、湮灭的重要原因。

任正非希望强烈的危机感能使员工们意识到，只有全身心地投入到企业的生产革新中去，企业才能在竞争中永立不败之地。任正非表示："我们所处的行业方向选择太多而且还处在巨大变化之中，我们一直存在生存危机也一直生存在危机中，华为的衰退和倒闭一定会到来，而只有时时警醒我们自己，我们才能进步，才能延迟或避免衰退和倒闭的到来。"

"我们要广泛展开对危机的讨论，讨论华为有什么危机，你的部门有什么危机，你的科室有什么危机，你的流程的哪一点有什么危机。还能改进吗？还能提高人均效益吗？如果讨论清楚了，那我们可能就不死，就延续了我们的生命。"

"目前情况下，我认为我们公司从上到下，还没有真正认识到危机，那么当危机来临的时刻，我们可能是措手不及的。我们是不是已经麻木？是不是头脑里已经没有危机这根弦了？是不是已经没有自我批判能力或者已经很少了？那么，如果四面出现危机时，我们可能是真没有办法了。那我们只能说：'你们别罢工了，我们本来就准备不上班了，快关了机器，还能省点儿电。'如果我们现在不能研究出出现危机时的应对方法和措施来，我们就不可能持续活下去。"

为了达到强化员工危机意识的目的，任正非甚至将这一点作为一项战略纳入企业的发展规划中。在1998年出台的《华为公司基本法》中，有这样一条内容："为了使华为成为世界一流的设备供应商，我们将永不进入信息服务业。通过无依赖的市场压力传递，使内部机制永远处于激活状态。"他在其题为《华为的红旗到底能打多久？》的演讲中这样解释这一观点："我们把自己的目标定位成一个设备供应商，我们决不进入信息服务业就是要破釜沉舟，把危机和压力意识传递给每一个员工。"

"进入信息服务业有什么坏处呢？自己的网络、卖自己产品时内部就没有压力，对优良服务是企业的生命理解也会淡化，有问题也会互相推诿，这样企业是必死无疑了。在国外我们经常碰到参与电信私营化这样的机会，我们均没有参加。当然我们不参加，以后卖设备会比现在还困难得多，这迫使企业必须把产品的性能做到最好，质量最高，成本最低，服务最优，否则就很难销售出去。任何一个环节做得不好，都会受到其他环节的批评，通过这种无依赖的市场压力传递，使我们内部机制永远处于激活状态。这是置之死地而后生，也许会把我们逼成一流的设备供应商。"

通过《华为公司基本法》，任正非将危机意识融入华为的企业文化中，让员工每时每刻都能感受到一种山雨欲来的紧张气氛；引导员工不要只看着国内，而要向国际竞争对手看齐，从而达到遏制部分员工和管理人员因公司高速成长而滋生的盲目乐观情绪。

可以说，华为能一路走到今天，并且继续保持高速的增长态势，和任正非具备强烈的企业忧患意识不无关系。"在瞬息万变，不断涌现颠覆性创新的信息社会中，华为能不能继续生存下来？不管你怎么想，这是一个摆在你面前的问题。"

任正非认为，企业有生命，也有成长规律。企业的成长其实是危机产生与消除危机、渐进循环的过程，而所谓的企业发展阶段其实也就是危机阶段性变化的循环。无论多大的公司，无论在哪个阶段，管理者都要清醒地认识到生存是唯一的理由。任正非强调，对华为来说，道理也一样。每个管理者都要不断挑战自己，少一些抱怨，多一些努力，与公司一起奋斗着活下去。

第二节 繁荣背后要小心危机

阿里巴巴创始人马云曾说，如果别人都看好你的时候，那么就一定会出问题。如果现在你的公司是一片繁荣昌盛的景象，那么就意味着有很大的潜在危机。

马云强调，任何时候，当你发现一派繁荣的时候，请记住背后的灾难很快就要来了。全世界的调查证明85%的企业都是在前一年形势特别好，而且是整个市场形势很好，或者这个企业特别好的时候，第二年公司就突然倒闭了。

在2003年前，低调的华为、低调的华为总裁任正非在外界眼里充满一种神秘感。而由于华为的产品主要面向企业客户，无须像一般制造企业必须通过扩大宣传获得更多民众的关注，所以除了行业人士，其他人对华为一知半解。再者，任正非始终坚持做企业就要踏踏实实，不张扬，不求功名，并把这种思想灌输给每一个华为人，从而形成一致缄默对外的低调而神秘的企业形象。

即便如此，华为的大名早在2000年左右就已经在中国企业界流传开了，而这缘于任正非的两篇管理名作《华为的冬天》和《北国之春》。在这两篇名作里，任正非通篇都在强调的是危机意识，任正非作为一个企业家的爱国情怀、忧患意识及对企业管理的纵深思考，显示了华为这个企业的成长基于一个一般中国企业所不能企及的思想高度，这种忧患意识也成为华为不断发展壮大的内在动力。而对于当时众多中国企业来说，这些观念无疑具有振聋发聩的意义。

然而，如果让我们追溯任正非在《华为的冬天》和《北国之春》中的思想根源就会发现，在更早的时候，即1995年，任正非就已经敏锐地意识到华为即将到来的危机。

1995年，华为自主研制的C&C08数字程控交换机在经过两年的研发、实验和市场推广之后，终于在中国市场上取得了规模商用。华为的08机与巨龙的04机一起，成为中国广大农村通信市场的主流设备。华为人为此欢欣鼓舞，对公司的发展前景满怀信心，而任正非则清醒地意识到："由于全世界厂家都寄希望于中国这块当前世界最大、发展最快的市场，而拼死争夺，形成了中、外产品撞车，市场严重过剩，形成巨大的危机。大家拼命削价，投入恶性竞争，由于外国厂家有着巨大的经济实力，已占领了大部分中国市场，如果中国厂家仍然维持现在的分散经营，将会困难重重。"

1996年，华为全年完成销售额26亿元，经过8年奋战，华为正式进入企业的顺利发展阶段。而此时，任正非却尖锐地提出，面对成功，华为人必须要有一种清醒的认识，否则成功带来的不是企业的繁荣，而是令人措手不及的危机。"繁荣的背后都充满着危机。这个危机不是繁荣本身的必然特性，而是处在繁荣包围中的人的意识。""现代科学技术的发展越来越复杂，变化越来越快，高科技产业稍有不慎，就会落在后面，出现危机。""华为已处在一个上升时期，它往往会使我们以为8年的艰苦奋战已经胜利。这是十分可怕的，我们与国内外企业的差距还比较大。只有在思想上继续艰苦奋斗，长期保持进取、不甘落后的态势，才可能不会灭亡。"繁荣的背后，处处充满危机。

在一次表彰大会上，任正非向奋战在各条战线并为此做出成绩的华为人，表示了真诚的祝贺，并号召全公司人员以他们为学习的榜样。在这样一个皆大欢喜的庆功会上，任正非仍然不忘提醒沉浸在喜悦中的华为人要警惕繁荣背后的危机。"繁荣的背后都充满着危机。这个危机不是繁荣本身的必然特性，而是处在繁荣包围中的人的意识。艰苦奋斗必然带来繁荣，繁荣以后不再艰苦奋斗，必然丢失繁荣。千古兴亡多少事，悠悠，不尽长江滚滚来。历史是一面镜子，它给了我们多么深刻的启示。忘却过去的艰苦奋斗，就意味着背弃了华为文化。"

那么，任正非希望华为人如何对待目前的繁荣，预防可能会到来的危机呢？任正非在其题为《再论反骄破满，在思想上艰苦奋斗》的演讲中谈道：

"世界上我最佩服的勇士是蜘蛛，不管狂风暴雨，不畏任何艰难困苦，不管网破碎多少次，它仍孜孜不倦地用它纤细的丝织补。数千年来没有人去赞美蜘蛛，它们仍然勤奋，不屈不挠，生生不息。我最欣赏的是蜜蜂，由于它给人们蜂蜜，尽管它有时会蜇人，人们都对它赞不绝口。不管您如何称赞，蜜蜂仍孜孜不倦地酿蜜，天天埋头苦干,并不因为赞美产蜜少一些。胜不骄,败不馁,从它们身上完全反映出来。在荣誉与失败面前,平静得像一潭湖水,这就是华为应具有的心胸与内涵。"

任正非认为,华为的发展道路不可能一直一帆风顺,狂风暴雨是一定会来的。他希望在那个时候每一个华为人都能像蜘蛛一样,不管遭遇多少挫折和打击,都不要放弃,要尽自己最大的努力"补网",等待危机过去;他要求华为人必须做到,在面对繁荣和赞扬时,要能像勤奋的蜜蜂一样,埋头苦干,不为得失而耿耿于怀。这种"在荣誉与失败面前,平静得像一潭湖水,就是华为应具有的心胸与内涵"的精神后来被纳入了华为的企业文化。

第三节 活下来,才会有出路

对企业成长的历史稍有研究的人都知道,世界上没有任何一家企业的生命能超过 1000 年,甚至没有一家企业能活过 500 年,就算超过 300 年历史的企业,如今也很难找到。

死亡是任何一个企业所必须面临的,谁也逃不掉,只不过有的死得早一点,有的死得晚一点而已。生存是残酷的,有时候不带半点仁慈。

华为所处的高新科技的通信行业,其技术更新速度之快、竞争之激烈是其他行业无法比拟的。面对跨国巨头的技术垄断，民营企业发展举步维艰。华为目前虽然没有生存之虞，但危机意识不可缺少。

处于竞争如此激烈的市场中，一个永恒的话题萦绕在任正非的心头：企业要一直活下去，不要死掉。只有生存才是最本质最重要的目标，才是永恒不变的自然法则。"我们首先得生存下去，生存下去的必要条件是是否拥有市场。没有市场就没有规模，没有规模就没有低成本。没有低成本、没有高质量，就难以参与竞争，必然衰落。"

"越困难时我们越有希望，也有光明的时候。因为我们自己内部的管理比较好，各种规章制度的建立也比较好。发生市场波动时，我们是最有可能存活下来的公司，只要我们最有可能存活下来，别人就最有可能从这上面消亡。"

2007年9月，任正非再次警示华为人："活下去，仍然是我们唯一的目标。有些人认为，华为已经那么大规模了，在很多领域都有了相当的实力，活下去不再是一个问题；还有些人认为，可以暂时歇口气，甚至认为不需要艰苦奋斗了。事实上，过去两年中通信业发生了企业之间的兼并，国内一些明星企业由于不适应'气候'的变化而苦苦挣扎或一夜之间轰然倒下……这些例子警示我们——活下去，仍然是华为唯一的追求，我们不能有片刻的放松。"

任正非将企业生存放在了公司目标的第一位，并将其传递到每一位华为人那里，成为全体华为人每天必须面对和思考的命题。任正非强调，对华为公司来讲，长期要研究的是如何活下去，寻找我们活下去的理由和活下去的价值。活下去的基础是不断提高核心竞争力，而提高企业竞争力的必然结果是利润的获得，以及企业的发展壮大。这是一个闭合循环。

"胜利的曙光是什么？胜利的曙光就是活下来，哪怕瘦一点，只要不得肝硬化，不得癌症，只要我们能活下来，我们就是胜利者。冬天的寒冷，也是社会净化的过程，大家想要躲过这场社会的净化，是不可能的！因为资源只有经过重新的配置，才可能解决市场过剩的冲突问题。"

任正非之所以将华为活下去看得如此重要，与其自身人生经历有着很大的关系。任正非1944年出生，从小就经历了战争与贫困的折磨。任氏兄妹7个，加上父母共9人，生活全靠父母微薄的工资维持。虽然任正非的父亲身为某所专科学校的校长，但在那个特殊的年代，任家的经济一直十分拮据，当时家里每餐实行严格分饭制，以保证人人都能活下去。他家当时是两三人合用一床被子，破旧被单下面铺的是稻草。他高中三年的理想只是吃一个白面馒头！可以想象，任正非青少年时代是在何种贫困、饥饿中度过的。生活的艰苦以及心灵承受的磨难，成就了少年任正非隐忍与坚定的性格。他感慨："我真正能理解活下去这句话的含义！"

挫折、困苦成就了任正非，对生存权利的无限渴望，为了生存曾经付出的艰辛努力，在任正非的性格基因上深深烙上了悲观情结。"我没有远大的理想，思考的是这两三年要干什么，如何干，才能活下去。"

任正非反复强调"活下去，永远是硬道理"。华为追求的不是显赫一时的名声，而是长久的生存发展。"活下来是多么的不容易，我们对著名跨国公司的能量与水平还没有真正的认识。现在国家还有海关保护，一旦实现贸易自由化、投资自由化，中国还会剩下几个产业？为了能生存下来，我们的研究与实验人员没日没夜地拼命干，拼命地追赶世界潮流。我们的生产队伍，努力进行国际接轨，不惜调换一些功臣，也绝不迟疑地坚持进步；机关服务队伍，一听枪声，一见火光，就全力以赴支援前方，并不需要长官指令。为了点滴的进步，大家熬干了心血，为了积累一点生产的流动资金，至今98.5%的员工还住在农民房里，我们许多博士、硕士，甚至公司的高层领导还居无定所。一切是为了活下去，一切是为了国家与民族的振兴。世界留给我们的财富就是努力，不努力将一无所有。"

任正非曾对华为的员工说："我同你们在座的人一样，一旦华为破产，我们都一无所有。所有的增值都必须在持续生存中才能产生。"

盲目地显示自己，忽略生存之本，在激烈的市场竞争中也是立不住脚跟的。曾经红极一时的万国证券就是一个鲜活的例子。

万国证券曾经是中国最大的证券公司，创办人管金生拥有法国文学、商业、法律三个硕士学位和金融学博士学位。在鼎盛时期，管金生是多家世界大银行和证券公司CEO（首席执行官）们的座上宾。但是，好景不长，在1995年2月的"3·27"国债期货交易中，万国证券一次性亏损20亿元。短短的8分钟，曾经辉煌的证券帝国就瓦解了。此后，在地方财政的鼎力挽救之下，万国证券被并入上海另外一家地方性券商申银之中，这就是今天的申银万国证券公司。

任正非曾经对万国证券有过这样的评价:"万国证券公司,是非常艰苦奋斗的,他们艰苦奋斗的那段历史、那种经历应该是令世人都震惊的。他们不是一个坏公司垮掉的,而是一个好公司垮掉的。他们是很有业绩、很有成绩的,做得有声有色。但是,由于内外种种压力,他们的总裁违反证券市场的操作法规,突然孤注一掷,抛空国债。本来,判他不违法,他可以赢利 40 个亿;判他违法,他就亏损 20 个亿。大家想一想,不要说他们亏损 20 个亿,就是华为亏损 20 个亿,我看日子也是很不好过的。他们很难过关,他们就垮掉了。那么,华为公司会不会垮掉呢?比如说我会不会也去孤注一掷呢?完全有可能的。"

万国证券的悲剧可以说给任正非打了一针"清醒剂"。1997 年 3 月,任正非给正在起草"基本法"的专家组成员送去了《头号证券大王是怎么垮台的》一文,同时进一步确定了《华为公司基本法》的中心思想。"我们必须要有一个'基本法'来确立华为公司的层层管理体系,确立层层动力和制约体系,这样,公司的发展才能有序有规则。然而,要实现这个有序有规则不是一天、两天就可以实现的,将是非常漫长、很艰难的。但实现了这种有序的动力与制约机制,我们就不会犯万国证券的错误,不管总裁有多大个人威望,不对的事,就会有牵制。"

中国证券市场的极不规范,以及一幕幕悲剧,显然极大地刺激了任正非,他曾经一度坚定地远离证券市场,甚至发誓华为永不进入股市。

在任正非看来,华为之所以能活下来,并发展到现在这样的规模，是因为它有一种以客户为主导、以市场为先导的危机意识。这就是企业和个人的区别："作为一个自然人，受自然规律制约，有其自然生命终结的时间；作为一个法人，虽然不受自然规律的约束，但同样受到社会逻辑的约束。一个人再没本事也可以活60岁，但企业如果没能力，可能连6天也活不下去。如果一个企业的发展能够顺应自然法则和社会法则，其生命可以达到600岁，甚至更长时间。"

那么华为今后将如何得以生存呢？任正非认为："我们是世界上活得较好的公司之一，我们活得好是我们有本事吗？我认为不是。是我们的每一个发展阶段、每一项策略都刚好和世界的潮流合拍了。对未来，我们认为信息经济不可能再回复到狂热的年代。因此，信息产业只能重新走到传统产业的道路上来，它不会长期是一个新兴产业。信息产业由于技术越来越简单，技术领先产生市场优势不再存在，反过来是客户关系和客户需求。市场部、研发部、公司的各部门都要认识到这一点，大家要团结起来一起为公司的生存而奋斗。"

《史记》中记载了"项羽破釜沉舟"的典故：项羽前锋军救巨鹿，初战失利，项羽便率大军渡过漳河，破釜沉舟以激励士气。终于杀苏角，虏王离，大败秦军于巨鹿之野。

于是，世人便以"破釜沉舟"来表示下定决心，义无反顾。

任正非要求每一个华为人也要做到"破釜沉舟"，只有这样，华为才能因来自竞争的压力而无比专注地不断提升自己，才能在强者如云的国际市场竞争中得以生存，并最终成长为世界级的企业。

通过《华为公司基本法》，任正非将危机意识融入华为的企业文化中，让员工每时每刻都能感受到一种山雨欲来的紧张气氛；引导员工不要只看着国内，而要向国际竞争对手看齐，从而达到遏制部分员工和管理人员因公司高速成长而滋生的盲目乐观情绪。

第四节 熬过寒冬，才算成功

武术界有一个非常重要的传统，"冬练三九，夏练三伏"。冬天，特别是极度寒冷的时候，如果能好好把握这个机会，那将可让习武者的体质得到极大的改善，武学修养的境界也将进入到另一个更高层次的水平。

企业界又何尝不是如此！面对冬天的到来，有些企业大叹时不我与，抱头痛哭。但也有一部分企业却能利用这难得的时机来调整策略，大大地改善企业经营的竞争力。

任何一个企业的成长，如果没有冬天的磨砺，是不可能成为真正成功的企业的，只有熬过漫漫寒冬，才能谈得上持续发展，也才能谈得上和国际一流企业竞争。

冬天是企业的一种正常生态。没有经历过冬天洗礼的企业不是真正意义上的成功企业。

阿里巴巴创始人马云认为，在冬天的时候不一定人人都会死，在春天的时候也不一定人人都会开花结果，任何一个产业都有这样的过程。

　　任正非总是在喊"冬天来了"。这一喊，便是10多年。在他喊完后8年，华为的年收入从152亿元人民币涨到125.6亿美元，增长迅猛，并一举超越了北电网络，成为继思科、爱立信、阿尔卡特—朗讯和诺基亚、西门子之后，全球第五大电信设备制造商。别人看到的只是华为的辉煌，而任正非看到的却是华为走过的、即将面临的一个又一个困难。于是，就在大家为华为取得的成绩感到无比骄傲的时候，任正非又一次拉响了冬天警报。2008年初，在给华为EMT（核心管理层）及部分产品线高管的一封邮件中，任正非转发了美国《财富》发表的一篇名为《思科准备过冬》的短文，并郑重地对此文写下按语："思科的今天，就是我们的明天。当然我不是在激励人们，而是在警示人们，他们比我们更深感知市场竞争的艰难与残酷。思科比我们聪明，他们对未来的困难，早一些采取了措施，而我们比较麻木而已。"

　　接着，任正非在参加华为公司优秀党员座谈会上，再次提到此文："思科现在开始实行很多政策，如减少员工出差，减少会议，高层领导出差不能坐头等舱，要坐须自己掏钱等等这一系列的措施。思科尚且如此，华为就能独善其身？"

　　冬天，对于一些优秀的企业永远是一个机会。2009年8月，思科首席执行官约翰·钱伯斯在接受《纽约时报》采访时说道："我从管理大师杰克·韦尔奇身上学到了另外一个经验。那是在1998年，那时我们应该是全球最有价值的公司之一，当我向杰克·韦尔奇询问：'需要付出什么才能成为一个伟大的公司？'他说，需要遇到很大的困难，然后克服。我迟疑片刻，然后说：'嗯，当然，我们在1993年和1997年的时候确实经历过困难，那时候赶上了亚洲金融危机。'他说：'不，约翰，我指的是致命的打击。'那时候我对他说的话还不能透彻地领悟。"

"到了2001年，我们真的遭遇了致命的打击。我们从一个最有价值的公司沦落为很多人对我们的领导力开始怀疑，接着挫折过后，到2003年，韦尔奇给我打电话说：'约翰，你们现在可以成为一家伟大的公司了。'他是对的，正是那些我们不愿意看到的事情让我们不断壮大。"钱伯斯笑着说，"你绝对不想浪费危机带来的发展良机。""我们每次都能变得更加强大，拥有更多的市场份额，进军更多的相邻市场。"

钱伯斯表示："1993年、2001年、2003年，这几个年份是思科在成长历史中经历过的一些挑战时期。但每一次我们都抓住了机会。在危机之后，我们的市场份额增加了、实力增强了，市值也提高了。"

作为思科最强有力的竞争对手之一，华为同样也是在危机中快速成长。任正非提醒华为员工说："近几年，我国的经济形势也可能出现下滑，希望高级干部要有充分的心理准备。也许2009年、2010年还会更加困难。"这已经是任正非在过去8年来第三次提及"冬天"了。

第一次"冬天"

一个正蓬勃发展的企业，突然宣称自己必将走入寒冬，这并非危言耸听，而是他们看到了一个自然的发展规律，没有什么事物可以逃脱衰退和死亡。

在 2000 年那篇闻名于业内的《华为的冬天》中，任正非这样阐述"失败一定会到来"的观点："10 年来我天天思考的都是失败，对成功视而不见，也没有什么荣誉感、自豪感，只有危机感。也许是这样才存活了 10 年。我们大家要一起来想，怎样才能活下去。也许只有做到这点我们才能存活得久一些。失败这一天一定会到来，大家要准备迎接，这是我从不动摇的看法，这是历史规律。"

任正非当然希望给华为公司的太平时间越长越好，但是，四季轮回不可能永远都是春天，冬天是一定会到来的。

不过，在华为内部，《华为的冬天》虽然也引起了一些反响，但是大多数的华为人并没有因此而加强自身的"冬天"意识。

任正非不得不在另外一篇文章《北国之春》里再次强调提出"冬天"的论点。在 2001 年樱花盛开、春光明媚的时节，任正非一行踏上了日本的国土。此前，日本企业界从 20 世纪 90 年代初开始，连续经历了 10 年低增长、零增长、负增长的情况，目前仍然在苦苦坚持中。任正非对近现代工业发展史非常了解，对日本民族善于精工，在产品经济时代大放光芒的历史充满敬意。回国后，任正非充满激情地写下了《北国之春》。

在文中，任正非这样写道：

"谁能想到，这 10 年间日本经受了战后最严寒和最漫长的冬天。正因为现在的所见所闻，是建立在这么长时间的低增长时期的基础上，这使我感受尤深。日本绝大多数企业，近 8 年来没有增加过工

第一章 "冬天"一定会来临

资,但社会治安仍然比北欧还好,真是让人赞叹。日本一旦重新起飞,这样的基础一定让它一飞冲天。华为若连续遭遇两个冬天,就不知道华为人是否还会平静,沉着应对,克服困难,期盼春天。"

"日本从20世纪90年代初起,连续10年低增长、零增长、负增长……这个冬天太长了。日本企业是如何度过的?他们遇到了什么困难?有些什么经验?能给我们什么启示?"

"在松下,我们看到不论是办公室,还是会议室,或是通道的墙上,随处都能看到一幅张贴画,画上是一艘即将撞上冰山的巨轮,下面写着:'能挽救这艘船的,唯有你。'其危机意识可见一斑。在华为公司,我们的冬天意识是否那么强烈?是否传递到基层?是否人人行动起来了?"

任正非赴日本考察时,华为已经经历了10年的高速发展。那么,华为在年销售额达到220亿元、已成为国内首屈一指的电信设备供应商时,算是成功了吗?任正非认为,华为的危机,以及萎缩、破产是一定会到来的。任正非表示:

"现在是春天吧,但冬天已经不远了,我们要在春天与夏天就念着冬天的问题。我们可否抽一些时间,研讨一下如何迎接危机。IT业的冬天对别的公司来说不一定是冬天,而对华为可能是冬天。华为的冬天可能来得更冷、更冷一些。因为我们还太嫩,我们公司经过10年的顺利发展没有经历过挫折,不经过挫折,就不知道如何走向正确道路。磨难是一笔财富,而我们没有经过磨难,这是我们最大的弱点。我们完全没有适应不发展的心理准备与技能准备。"

正如任正非所提醒的,从全球来看,2000年纳斯达克指数一年下跌56%，第一次互联网泡沫破碎。思科、爱立信、摩托罗拉等电信设备巨头，纷纷告别了持续增长的状态。而包括朗讯和北电在内的巨头，都陷入亏损泥淖。在那次"冬天"，朗讯裁了将近一半的员工，北电裁了三分之二的员工。

以2000年4月纳斯达克股灾为导火索的全球电信产业的下滑波及了中国市场，在这一年，华为第一次增长停滞。与此同时，由于策略失准而错失小灵通和CDMA这两块"冬天"里最大的"奶酪"，则是华为没有延续增长神话的主要内部原因。

华为也利用了经济低迷带来的机会，从2001年以后加快了海外业务进攻的步伐。

第二次"冬天"

任正非曾回忆说："2002年，公司差点崩溃了。IT泡沫的破灭，公司内外矛盾的交集，我却无能为力，有半年时间都是噩梦，梦醒时常常哭。真的，不是公司的骨干们，在茫茫黑暗中点燃自己的心，来照亮前进的路程，现在公司早已没有了。"

"2002年干部大会是在IT泡沫破灭，华为濒于破产、信心低下的时候召开的，董事会强调在'冬天'里改变格局，而且选择了鸡肋战略，在别人削减投资的领域，加大了投资，从后十几位追上来。那时世界处在困难时期，而华为处在困难的困难时期，没有那时的勇于转变，就没有华为的今天。"

2002年，华为销售额整体虽然下降了17%，但是当年海外市场却增收了210%！2000—2004年，华为海外复合增长率为122%，至2004年，华为快速地恢复了元气，整体销售额达到460亿元，净利润50亿元，大于当年TCL、联想、海尔的利润总和。

在形势一片大好的情况下，2004年下半年，华为总裁任正非第二次警告"冬天"来临。虽然这一时期，电信市场已经转暖，但是华为有自己的问题，同港湾的竞争正在关键时刻。更为关键的是，电信巨头已经注意到华为的动作。英国《经济学家》撰文指出：华为这样的中国公司的崛起将是外国跨国公司的灾难。华为与思科的知识产权纠纷就在这一背景下展开。

任正非这次提醒的"冬天"是指整个行业的"冬天"。任正非认为，现在的困难是全行业的，核心团队要预见到未来形势的严峻性，要正确认识、掌握和驾驭客观规律。

任正非的真实目的是："如果我们连真实的困难都不知道，就别提战胜困难了。我们需要把困难真实地告诉大家，特别要告诉我们的核心团队，如果我们没有预见未来困难的能力，我们陷入的困境就会更加严重。"

"我们也不是先知先觉的，我们也犯过许多错误，包括泡沫化。但是事实上，我们走过了这10年道路，每一次我们看见、预见的困难，我们解决的措施都刚好和时代的发展同步了、合拍了，所以我们取得成功了，才会发展到今天。《华为公司基本法》上为什么提出了'三个顺应'？因为我们不能与规律抗衡，我们不能逆潮流而行，只有与潮流同步，才能极大地减少风险。因此，过去我们有能力预测我们的成功和胜利，今天我们也有能力预测存在的困难和问题，那么度过这场困难,我们的条件是比别人优越的,是有信心的。"

"当前,全球经济在经受 IT 行业的痛苦,我们看清了全球出现一次泡沫化悲剧背后的原因,看清了事物的本质,就能够根据本质的原因调整我们的策略,使我们与世界的变化同步,这样我们公司危机就会小一点。"

"'冬天'也是可爱的,并不是可恨的。我们如果不经过一个'冬天',我们的队伍一直飘飘然是非常危险的,华为千万不能骄傲。所以,'冬天'并不可怕。我们是能够度过去的,今年我们可能利润会下降一点,但不会亏损。与同行业的公司相比,我们的盈利能力是比较强的。我们还要整顿好,迎接未来的发展。"

虽然任正非的语言中充满了危机感,事实上,在 2004 年,华为实现全球销售额 462 亿元,其中国内销售 273 亿元;国际销售额 189 亿元,占总销售额的 41%。2004 年,华为获得了欧洲、中国香港等 29 家国际、国内银行提供的 3.6 亿美元贷款,并于 2004 年底获得国家开发银行提供的 100 亿美元的融资额度。华为通过加强与国际、国内金融机构的合作,为国际市场的拓展提供了更好的融资平台。2004 年,华为的国际化战略取得了初步的成功。

第三次"冬天"

2007 年年报显示,华为销售收入已经达到 125.6 亿美元,跻身世界通信设备商的前五强。正是在这样一个时候,任正非第三次提出"过冬"。这倒是与当时的经济环境很搭调,而且,尽管未来经济不景气,可能反而是华为的好日子。"尽管如今经济环境不好,电信还是要发展的,但经济环境要求人们在价格上有所考虑。或许这段时间的'冬天',正是华为的'春天'了。"著名企业战略专家姜汝祥说,"未来4~5年,就是华为提升核心竞争力的时候。在战略、组织、制度层面改善提升,以应对下一轮的经济复苏。"

2008年7月,任正非表示,对经济全球化以及市场竞争的艰难性、残酷性做好充分的心理准备。任正非认为,华为现在面临的危机是经济全球化所带来的危机。经济全球化是美国推出来的,美国最后看到经济全球化对美国并不有利,所以美国在退向贸易保护主义,但是保也保不住,经济全球化这个火烧起来了,就会越烧越旺。

过去的100多年,经济的竞争方式是以火车、轮船、电报、传真等手段来进行的,竞争强度是不大的,从而促进了资本主义在前100多年,有序地、很好地获得发展。而现在,由于光纤与计算机的发展,形成网络经济,形成资源的全球化配置,使交付、服务更加贴近客户,是快速而优质的服务;使制造更加贴近低成本;研发更加贴近人才集中的低成本地区……这使竞争的强度大大增强,将会使优势企业越来越强,没优势的企业越来越困难。特别是电子产业将会永远地供过于求,困难的程度是可以想象的。任正非分析道:

"经济全球化使得竞争越来越残酷了,特别是我们电子行业,竞争极其残酷。我就举个例子来看:电子产品的性能、质量要求越来越高,越来越需要高素质人才,而且是成千上万、数万的需求,这些人必须有高的报酬才合理。但电子产品却越来越便宜。这就成了一个矛盾,如何得到解决,我们期待某一个经济学家,能获得电子经济诺贝尔奖。我们仅是比其他公司对这个竞争残酷性早了一点点认识，我们才幸免于难。"

"华为公司能长久保持这个状态吗？华为的国际对手思科在2008年金融危机的影响之下，已经开始缩减开支。思科实行了很多政策，如减少员工出差、减少会议来提高效率，高层领导出差不能坐头等舱，要坐，须自己掏钱等等这一系列的措施。思科尚且如此，华为就能独善其身？"任正非在参加华为优秀党员座谈会时分析道："我们不是悲观主义者，但也要对经济全球化以及市场竞争的残酷性有充分的心理准备。如果华为衰落怎么办？如何才能不衰落呢？总有一天，别人在发展，而我们在落后。"

任正非认为，这个世界的变化是很大的，唯一不变的是变化。面对这样的变化，每个企业，如果不能奋起，最终就是灭亡，而且灭亡的速度很快。

"现金为王"是硬道理

企业的"冬天"既然不可避免，那么，企业就应该随时做好"过冬"的准备。任何企业的"冬天"，都会表现出人心的涣散、业务的衰退、现金流的断裂，如果没有充分的准备，想渡过难关是不可能，并且"冬天"不是一段很短的时间，而是相当长的一段时期。就像一个人要过冬，必定要进行相应的物质和心理准备。

任正非的成功不仅在于预言了"冬天"的到来，更在于他为"过冬"制订了具体措施，这些措施包括改进管理，要抓薄弱环节，找最短的木板，要坚持均衡发展，不断地强化以流程型和时效型为主导的管理体系的建设，不断优化工作，提高贡献率。此外，任正非还建立了统一的干部考评体系，使人员在内部流动和平衡成为可能，推行以自我批判为中心的组织改造和优化活动，并告诫员工不要随便创新，要保持稳定的流程、规范化管理等等。

2002年，华为给员工下发了一套辅导资料学习，题目叫《沙暴中的爱立信》，其中讲述了爱立信公司对目前IT产业所面临形势的看法，以及爱立信面对产业危机所要采取的应对策略。任正非专门为这套资料写了按语："爱立信不愧是一家百年企业，在经历了IT业的大起大落后仍然能够保持清醒的头脑。我们对IT业危机还缺乏切身的感受，也没有像爱立信那样细致深刻地分析，一旦面临更大困难的时候，我们能否像爱立信那样保持镇静，正视问题，看到光明，充满信心？友商是我们的一面镜子，我们要向爱立信学习。"

除了在精神上做好准备外，在物质方面任正非也真正为华为能顺利"过冬"做好了充分的准备。

2000年，全球电信市场一片萧条，中国并没能幸免。2001年，全国电信固定资产投资额2648亿元，比上一年增长15.3%。2002年完成投资2034亿元，比2001年减少了20多个百分点。为了将有限的资源投入到重点领域，任正非开始实施"收紧核心，放开周边"的战略。2001年，华为决定剥离掉网络能源业务，进一步突出核心业务，将公司业务集中到了核心网、传输网、移动网三大领域，并发展软件外包供应商，将一些非核心的软件开发业务外包给数十家中型的软件公司。而在后勤服务方面，华为将安全保卫业务外包给了香港著名的物业管理公司戴德梁行，将膳食服务等外包给了其他几家香港的专业服务公司。

过冬就要准备好棉袄和粮食。棉袄是什么，任正非认为棉袄就是现金流。一遇到"冬天"，任正非就想到"现金为王"的硬道理，而解决之道就是出售业务。华为曾多次在资金困难的情况下，通过牺牲部分非核心业务来保全公司整体业务，渡过难关。

2001年10月21日，任正非更是将下属优质资产电气部门（即安圣电气）以7.5亿美元售予爱默生，以此作为过冬的"棉袄"。

华为电气部门2000年的销售额为26亿元，利润将近3亿元。华为出售的价格超过了20倍的市盈率，达到了净资产的4倍！这样的价格在当时电信市场非常不景气的情况下是令人吃惊的。这对华为而言无疑是件厚实的御寒"棉袄"。任正非说："大家总说华为的冬天是什么？棉袄是什么？就是现金流，我们准备的棉袄就是现金流。"

任正非在内部讲话中说过，就算是两年内一点销售额也没有，卖安圣电气的钱也足够让华为支撑两年了。"我们现在账上还有几10亿现金存着，是谁送给我们的，是安圣给我们的，我们要是在穿着棉衣暖和的时候，忘了做棉衣的人，这怎么行啊？！在市场上每个主任都要认真帮助安圣，帮助他们销售。这点不要动摇，一定要坚决帮助他们，人家送了我们一件大棉袄，这件棉袄够我们穿两年的啊！我们和别的公司不一样，我们现在心里还没有多大的压力，我们今年的工资肯定够发，明年的工资肯定也够了，就是没有销售额也够了。"

2006年11月,华为和3COM分别宣布,华为已经接受3COM的竞购报价,3COM以8.82亿美元(约合68.69亿元人民币)的高价收购华为所持双方合资企业华为3COM技术有限公司的股权。加上2005年2800万美元出售2%股权以及股权分红,使华为最终获利10亿美元。其目的是为了使华为的第二次"过冬"顺利通过。这些已经或即将处置的资产有一个共同的特点,就是短期经营而且经营状况较好,然后华为选择在盈利上升期将其溢价出售。

这种将资产变为资本运作的方法屡试不爽,因此华为即使目前还没有上市,在融资能力上也不输于已经上市的竞争对手。

任正非表示,这个冬天过去,没有足够现金流支撑的公司,在春天就不存在了。"这个时候我们的竞争环境就会有大幅度的改善。我们说熬过了冬天就是春天,春天来了他们没有现金流,就支撑不了了。"

2002年,任正非在《迎接挑战,苦练内功,迎接春天的到来》的演讲中对员工说道:

"我们一定要重视现金流。夏收,抢收中有句话'家有粮,心不慌',口袋里有钱心不慌,说的就是这个意思嘛。有钱就不慌了。在深圳口袋里有钱,心就不慌。不信我现在把钱收了,把车子也收了,放你们假,你们回家吧。你没有钱,你就慌了,你再不卖衣服,今天中午就得饿肚皮,下午还得饿肚皮。所以在最关键的历史时刻,我们一定要重视现金流对公司的支持。在销售方法和销售模式上,要改变以前的粗放经营模式。我们宁肯价格低一些,也一定要拿到现金。我认为这是一个非常重要的方法。"

正是有了准备过冬的棉衣，华为的员工才心甘情愿地卖力工作，满怀期待地迎接温暖的春天。

第二章

自我批判的精神

| 任正非 |

HUAWEI'S WINTER

华 为 的 冬 天

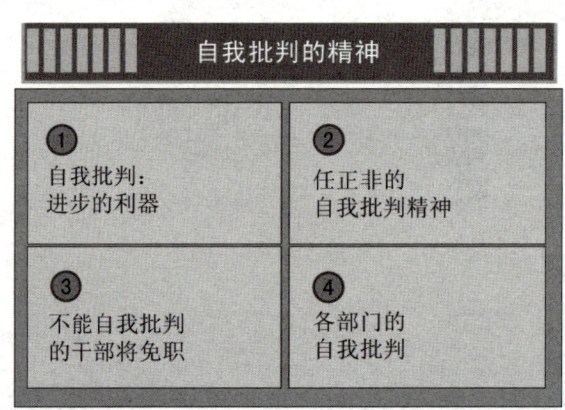

自我批判的精神

① 自我批判：
进步的利器

② 任正非的
自我批判精神

③ 不能自我批判
的干部将免职

④ 各部门的
自我批判

第一节 自我批判：进步的利器

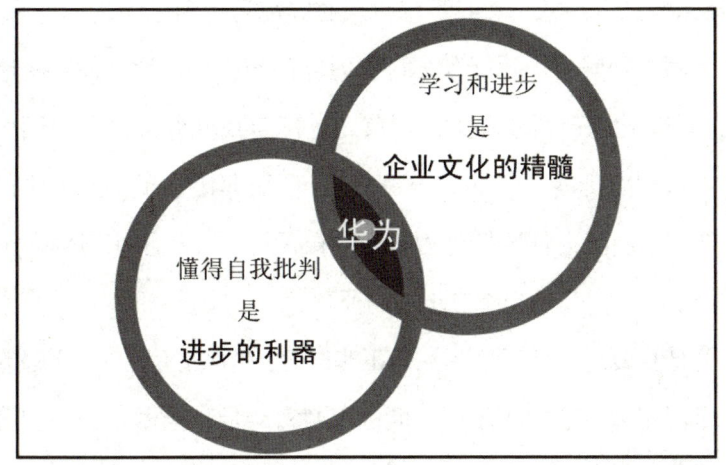

"金无足赤，人无完人。"一个人有缺点毛病并不可怕，可怕的是讳疾忌医，以致"小疾"拖成"大病"，甚至病入膏肓，不可救药。

任何组织和个人都不可能不犯错误，关键是过而能改，及时发现错误、勇于纠正错误。如果犯了错误自己浑然不觉，又不允许别人指出，就会在错误的道路上越走越远。

任正非认为，学习和进步是华为企业文化的精髓，而懂得自我批判就是进步的利器。

自我批判不是今天才有的，两千多年前的曾子曰"吾日三省吾身"；孟子曰"天将降大任于斯人也，必先苦其心志，劳其筋骨，饿其体肤，空乏其身，行拂乱其所为，所以动心忍性，曾益其所不能"；毛泽东同志在写文章时，要求"去粗取精，去伪存真，由表及里，由此及彼"。他们都是自我批判的典范。没有这些自我批判，就不会造就这些圣人。

任正非曾是"毛泽东思想"的学习标兵，他也从不否认自己的"毛泽东情结"，是一个被西方通信业界称为"用毛泽东军事思想"指导公司的领导者。毛泽东一直提倡批评与自我批评，他曾经这样强调"自我批评"的重要性，"有无认真自我批评，也是我们和其他政党互相区别的显著的标志之一"。任正非传承了毛泽东这种思想，他将"自我批评"转化为华为的管理思想，提出了管理人员必须要具备"在自我批判中进步"的观念。

为什么要进行自我批判？任正非说道："华为还是一个年轻的公司，尽管充满了活力和激情，但也充塞着幼稚和自傲，我们的管理还不规范。只有不断地自我批判，才能使我们尽快成熟起来。我们不是为批判而批判，不是为全面否定而批判，而是为优化和建设而批判，总的目标是要导向公司整体核心竞争力的提升。"

"我们倡导自我批判，但不提倡相互批评，因为批评不好把握度，如果火药味很浓，就容易造成队伍之间的矛盾。而自己批判自己呢，人们不会对自己下猛力，对自己都会手下留情。即使用鸡毛掸子轻轻打一下，也比不打好，多打几年，你就会百炼成钢了。自我批判不光是个人进行自我批判，组织也要对自己进行自我批判。通过自我批判，各级骨干要努力塑造自己，逐步走向职业化，走向国际化。公司认为自我批判是个人进步的好方法，还不能掌握这个

第二章 自我批判的精神

武器的员工,希望各级部门不要对他们再提拔了。"

任正非指出,华为的自我批判并非仅仅针对个人,还包括华为的各级组织,各个部门、机构,也要不定期地对自身的工作进行反思。1996年,华为市场部集体大辞职,是华为人最集中最著名的一次自我批判,任正非对此评价说:"市场营销系统的自我批判,因为身处最前线,最敏感,也最活跃。只有自我批判,迅速地调整、改正一切必须改正的错误,才能不被逐出市场。集体大辞职,就是他们一次思想上、精神上的自我批判,开创了公司干部职位流动的先河。他们毫无自私自利的伟大英雄行为,必在公司建设史上永放光芒。"

任正非强调,自我批判是促进个人进步的好方法,是思想、品德、素质、技能创新的优良工具,华为一定要推行以自我批判为中心的组织改造和优化活动。自我批判应成为各级员工、各级管理者的习惯性思维与行为。只要勇于自我批判,敢于向自己开炮,不掩盖产品及管理上存在的问题,华为就有希望保持业界的先进地位,就有希望向世界提供服务。

华为今天的成功,并不仅仅是因为任正非对非常规手段的运用,而是得益于任正非的自我批判精神。这种自我批判精神是华为能够从"大乱走向大治,而不是走向更大混乱"的基础,是华为能够在不同的历史时期从"华为特色"向"世界级企业共性"转变的关键。

自我批判,自我否定,成为贯穿任正非思想的一条红线。任正非用"否定"创造了"华为特色",又否定了"华为特色"向国际化接轨,在任正非不断的否定中,华为向世界级企业的目标持续地接近。"华为要通过自我否定、使用自我批判的工具,勇敢地去拥抱颠覆性创新，在充分发挥存量资产作用的基础上，也不要怕颠覆性创新砸了金饭碗。"

第二节 任正非的自我批判精神

在人们一般的认识当中，任正非是一位相当武断、特立独行的企业家。但是，与任正非共事过的人却往往发现，任正非实际上是一位非常愿意学习，并勇于改正自己错误的人。

任正非不仅要求员工、干部经常进行自我批判，而且也以身作则。他从不否认自己的错误，并且勇于改正自己的错误。

2000年前后，任正非极力支持的内部创业对华为的军心和发展带来了重大的危害。意识到了问题所在之后，任正非立即采取了许多挽救措施，通过宣传鼓动、个别劝说以及物质激励等方法，让当时出走的很多人又回到了华为。其中就包括毛生江、袁曦等原市场部高层，甚至就连与华为打过股权官司的黄灿也回到了华为，2006年又终于迎来了李一男等港湾将士的回归。

任正非在小灵通上的决策失误给了竞争对手重要的发展机会，经过几年的反思，他也终于认识到了这一点。2003年，华为悄然"杀入"行将没落的小灵通领域，挽回了一部分损失。

1998年，华为的新员工培训基地选在了深圳东湖附近的市委党校。任正非在一次视察新员工培训工作情况的时候,刚刚一坐下,就对在场的培训管理人员说:"你们知道不知道,我为什么比你们水平高?"大家都被这个问题给问愣了,沉寂了差不多一分钟的时间,才有人回答说"不知道"。

任正非就自我解答道:"原因就是我能够从我的每一次经历,不论是成功或是失败中,汲取到比别人多一点点的东西。因为我经历的事情比你们多,而每一次的收获也比你们多,我的水平也就自然会比你们高。"很多年之后,当时在座的有些人,依然把任正非当年的这段话作为自己人生的座右铭。

第三节 不能自我批判的干部将免职

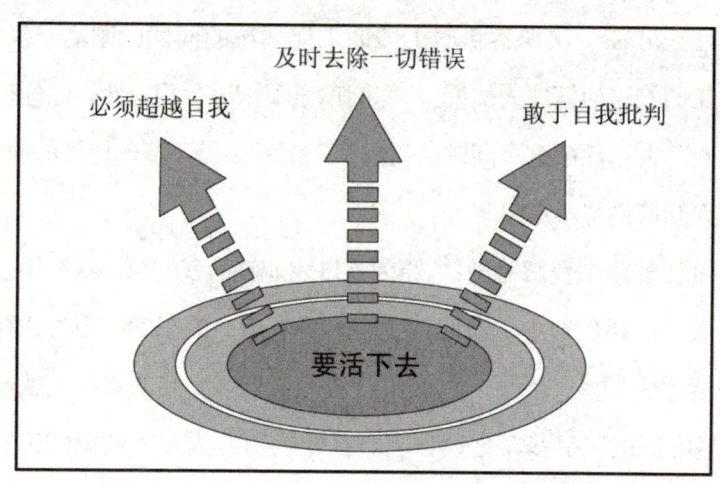

多年来，任正非一直对企业的各级管理人员提出了两点最基本的要求：一是要认同华为的核心价值观；二是要具备自我批判精神。也就是既要坚持原则，也要不断自省，在"否定之否定"中创造性地发展。

任正非在《在自我批判中进步》中曾说道："经历了十年发展的华为，开始从幼稚走向成熟，开始明白，一个企业长治久安的基础，是它的核心价值观被接班人确认，接班人具有自我批判能力。华为公司从现在开始一切不能自我批判的员工，将不能再被提拔。三年以后，一切不能自我批判的干部将全部免职，不能再担任管理工作。通过正确引导以及施加压力，再经过数十年的努力，将会在公司内形成层层级级的自我批判风气。组织的自我批判，将会使流程更加优化，管理更加优化；员工的自我批判，将会大大提高自我素质。成千上万的各级岗位上具有自我批判能力的接班人的形成，就会使企业的红旗永远飘扬下去，用户就不会再担心这个公司垮了及谁去替他维护。"

在任正非的要求下,华为各级管理层在《华为人》《管理优化》公司文件和大会上,敢于公开承认自己的不足,披露自己的错误,勇于自我批判,营造了一个开放的交流环境,为公司全体员工的自我批判打下了基础。一批先知先觉、先改正自己缺点与错误的员工已经快速地成长起来。

任正非说道:"我们将继续推行以自我批判为中心的组织改造与优化活动。我们也决定要把现在的骨干培养为具有国际先进水平的职业化队伍。我们希望一切骨干努力塑造自己,只有认真地自我批判,才能在实践中不断吸收先进和优化自己,才能真正地塑造自己的未来。公司认为自我批判是个人进步的好方法,还没掌握这个武器的员工,希望各级部门不要再给予提拔。两年后,还不能掌握和使用自我批判这个武器的干部,请降级使用。"

华为的自我批判从高级干部开始,高级干部每年都有民主生活会,在民主生活会上提的问题是非常尖锐的。有人听了以后认为公司内部斗争真激烈,但事实上,他们说起问题来很尖锐,说完他们又握着手打仗去了。任正非希望这种精神一直能往下传,一定要相互提意见,相互提意见时一定要和风细雨。

任正非同时也告诫下属,过度的自我批判,以致破坏成熟、稳定的运作秩序,是不可取的。自我批判的持续性与阶段性要与周边的运作环境相适应。必须要坚决反对形而上学、机械教条的唯心主义,在管理进步中,一定要实事求是,不要形左实右。

任正非强调,批评别人应该是请客吃饭,应该是绘画、绣花,要温良恭俭让。一定不要把内部的民主生活会变成了有火药味的会议，高级干部尖锐一些，是他们素质高，越到基层应越温和。事情不能指望一次说完，一年不行，两年也可以，三年进步也不迟。"我希望各级干部在组织自我批判的民主生活会议上，千万要把握尺度。我认为人是怕痛的，太痛了也不太好，像绘画、绣花一样，细细致致地帮人家分析他的缺点，提出改进措施来，和风细雨式最好。"

"要活下去，就只有超越，要超越，首先必须超越自我；超越的必要条件，是及时去除一切错误；去除一切错误，首先就要敢于自我批判。古人云：三人行必有我师。这三人中，其中有一人是竞争对手，还有一人是敢于批评我们设备问题的客户，如果你还比较谦虚的话，另一人就是敢于直言的下属、真诚批评的同事、严格要求的领导。只要真正地做到礼贤下士，就没有什么改正不了的错误。"

任正非很清楚，管理者只有通过不断的学习和自我否定，才能获得成长，像蛇蜕皮一样，每蜕一次皮，就获得一次成长，尽管这个蜕皮的过程很痛苦，甚至很危险。

第四节 各部门的自我批判

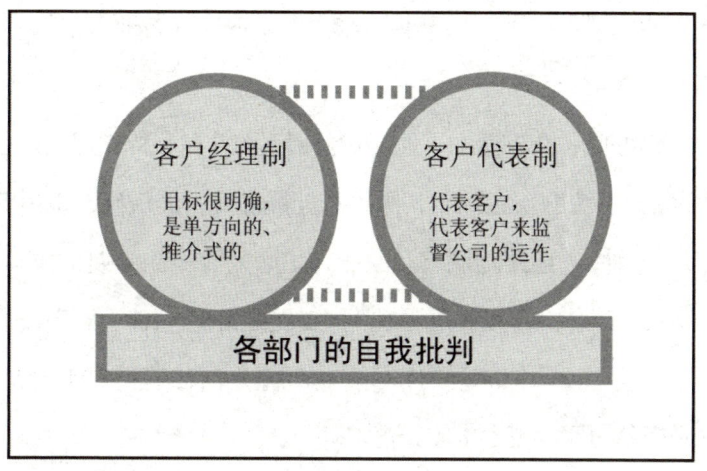

2000年，华为在深圳市体育馆召开了研究部自我批判大会，任正非将那些因为研发失误造成的呆死物料以及由于产品的质量问题经多次维修所产生的往返飞机票装裱在镜框里，作为"奖品"发给在场的研发骨干。任正非这样做是为了通过思想震荡促使研发人员产生认识上的觉悟。

任正非专门做了《为什么要自我批判——在中研部将呆死料作为奖金、奖品发给研发骨干大会上的讲话》，他说道："研发系统这次彻底剖析自己的自我批判行动，也是公司建设史上的一次里程碑、分水岭。它告诉我们经历了十年奋斗，我们的研发人员开始成熟，他们真正认识到奋斗的真谛。未来的十年，是他们成熟发挥作用的十年，而且这未来的十年，将会有大批更优秀的青年涌入我们公司，他们在这批导师的带领下，必将产生更大的成就，公司也一定会在未来十年得到发展。我建议'得奖者'，将这些废品抱回家去，与亲人共享。今天是废品，它洗刷过我们的心灵，明天就会成为优秀的成果，作为奖品奉献给亲人。牢记这一教训，我们将享用永远。"

不仅如此，在讲话中，他还对营销系统的自我批判提出了要求："市场营销系统的自我批判，因为身处最前线，最敏感，也最活跃。只有自我批判，迅速地调整、改正一切必须改正的错误，才不会被逐出市场。集体大辞职，就是他们一次思想上、精神上的自我批判，开创了公司干部职位流动的先河。他们毫无自私自利的伟大英雄行为，必在公司建设史上永放光芒。"

"今年他们又从过去的客户经理制，转变到客户代表制。为什么呢？就是要加强自我批判的强度。客户经理的目标很明确，是单方向的、推介式的。而客户代表呢？首先他们必须代表客户，代表客户来监督公司的运作。客户代表的职责就是站在客户的立场来批评公司，他不批评就失职；他乱批评，没有在整改中吸取他的批评，考评也不能好。他只有多批评，并实事求是，使批评的内容得以整改，他才会有进步。这样，我们一定能从客户代表那儿听到批评意见。为什么实行这项制度呢？因为，我们常常听不到客户批评了，客户认为我们的员工太辛苦，工作中有一点点错，告诉公司怕影响他们的进步，有意见也不提了。久而久之，我们会认为太平无事，问题的累积则会毁坏整个客户关系。而客户代表又不同，他的职责就是批评公司，大到发货不及时、不齐套；小到春节期间你装机，以为没人管你，在机房吃了东西。如果我们时时、处处把客户利益放到最高的准则，又善于改正自己存在的问题，那么客户满意度就会提高，提高到100%，就没有了竞争对手，当然这是不可能的。但企业的管理就是努力去提高客户满意度。没有自我批判，认识不到自己的不足，何来客户满意度的提高。"

第三章

失败与成功哲学

|任正非|

HUAWEI'S WINTER

华 为 的 冬 天

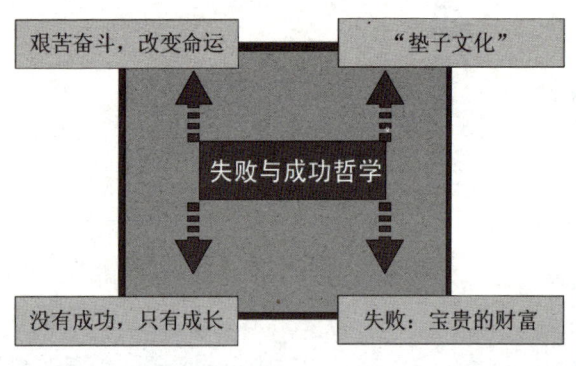

第一节 艰苦奋斗，改变命运

从当初默默无闻的深圳企业，到如今成为全球最大的通信设备商，华为用了20多年的时间。可以说，华为的国际化伴随着汗水、泪水、艰辛、坎坷与牺牲。华为内部著名文件《天道酬勤》中说："很多人感到不解，华为为什么能活到今天，华为为什么能活下去？"

答案是，华为相对行业巨头还很弱小，面临更艰难的困境，要生存和发展，没有灵丹妙药，只能用别人看来很"傻"的办法，那就是艰苦奋斗。华为不战则亡，没有退路，只有奋斗才能改变自己的命运。

任正非表示，艰苦奋斗是华为文化的灵魂，是华为文化的主旋律。"我们任何时候都不能因为外界的误解或质疑动摇我们的奋斗文化，我们任何时候都不能因为华为的发展壮大而丢掉了我们的根本——艰苦奋斗。"

经过20多年的发展，华为已经成长为全球最大的通信设备商。多年的高增长，长期的顺境，让很多华为人也获得了巨大的经济收益，以为华为可以永远成功下去，从而进入了相对安逸的生活、工作状态。

任正非发觉了这种思想意识，他明白，华为迟早会遇到难题，甚至迟早会破产，到那个时候，华为人是否有能力应付？是否有正确的心态对待？

任正非认为,华为走到今天,在很多人眼里看来已经很大了、成功了。有人认为创业时期形成的"垫子文化"、奋斗文化已经不合适了,可以放松一些,可以按部就班,这是危险的。繁荣的背后,都充满危机,这个危机不是繁荣本身必然的特性,而是处在繁荣包围中的人的意识。艰苦奋斗必然带来繁荣,繁荣后不再艰苦奋斗,必然丢失繁荣。

在任正非看来,华为要发展,要参与国际竞争,没有任何经验可以借鉴,更没有任何可以利用的资源,只有靠艰苦奋斗。任正非说道:

"华为没有背景,也不拥有任何稀缺的资源,更没有什么可依赖的。除了励精图治、开放心胸、自力更生,我们还有什么呢?最多再加一个艰苦奋斗,来缩短与竞争对手的差距。公司高层管理团队和全体员工的共同付出和艰苦奋斗,铸就了今天的华为。"

"我们没有国际大公司积累了几十年的市场地位、人脉和品牌,没有什么可以依赖,我们只有比别人多一点奋斗,只有在别人喝咖啡和休闲、健身的时候忘我努力地工作,否则,我们根本无法追赶上竞争对手的步伐,根本无法缩小与他们的差距。"

任正非曾在一篇名为《天道酬勤》的文章中这样写道:世间管理比较复杂困难的是工业,而工业中最难管理的是电子工业。电子工业有别于传统产业的发展规律,它技术更替、产业变化迅速,同时,没有太多可以制约它的自然因素。例如,汽车产业的发展,受钢铁、石油资源及道路建设的制约。而用于电子工业的生产原料是取之不尽的软件代码、数学逻辑。正是这一规律,使得信息产业的竞争要比传统产业更激烈,淘汰更无情,后退就意味着消亡。要在这个产业中生存，只有不断创新和艰苦奋斗。而创新也需要奋斗，是思想上的艰苦奋斗。华为由于"幼稚"，"不幸"地进入了信息产业，我们又"不幸"学习了电子工程，随着潮流的一次次更替，被逼上了"不归路"。创业者和继承者都在销蚀着自己，为企业生存与发展顽强奋斗，丝毫不敢懈怠！一天不进步，就赶不上业界巨头；三天不学习，就可能出局，这是严酷的事实。

任正非时刻提醒华为人，过去的成功或许将成为华为进一步发展的最大阻碍，华为人的过分自信可能导致最大的失败。唯有保持和发扬艰苦奋斗的精神，做到人人奋发努力，个个勇于负责，才能生生不息，蓬勃发展。

任正非说："2005年春节联欢晚会上，《千手观音》给了我们很大震撼。那些完全听不到声音，也许一生都不知道什么是声音的孩子，竟然能完成那么整齐划一的动作，那么精美绝伦的演出，其中的艰辛和付出可想而知。华为数万名员工，同他们一样，历经千辛万苦，才取得今天的一点进步。但我们始终认为华为还没有成功，华为的国际市场刚刚有了起色，所面临的外部环境比以往更严峻。全球超过10亿用户使用华为的产品和服务，我们的产品已经进入100多个国家，在海外很多市场刚爬上滩涂，随时会被赶回海里；网络和业务在转型，客户需求正发生深刻变化，产业和市场风云变幻，刚刚积累的一些技术和经验又一次面临自我否定。在这个历史关键时刻，我们绝不能分心，不能动摇，不能因为暂时的挫折、外界的质疑，动摇甚至背弃自己的根本，否则，我们将自毁长城，全体员工18年的辛勤劳动就会付之东流。无论过去、现在，还是将来，我们都要继续保持艰苦奋斗的作风。"

任正非深知创业难，守业更难的道理，他忠告华为人，繁荣的背后，处处充满危机，华为必须保持艰苦奋斗的传统。"'千古兴亡多少事，不尽长江滚滚来'，历史是一面镜子，它给了我们多么深刻的启示。我们必须长期坚持艰苦奋斗，否则就会走向消亡。当然，奋斗更重要的是思想上的艰苦奋斗，时刻保持危机感，面对成绩保持清醒的头脑，不骄不躁。"

"公司高层领导虽然都经历过公司最初的岁月，意志上受到一定的锻炼，但都没有领导和管理大企业的经历，直至今天仍然是战战兢兢，诚惶诚恐的，因为多年来他们每时每刻都切身感悟到做这样的大企业有多么难。多年来，唯有更多身心的付出，以勤补拙，牺牲了与家人团聚的机会、自己的休息和正常的生活，牺牲了平常人都拥有的很多亲情和友情，销蚀了自己的健康，经历了一次又一次失败的沮丧和受挫的痛苦，常年承受着身心的煎熬，以常人难以想象的艰苦卓绝的努力和毅力，才带领大家走到今天。"

任正非表示，华为能一步步走到今天，是靠公司高层管理团队和全体员工的共同付出和艰苦奋斗。"如果说，那时候的艰苦奋斗是为了能在通信业站住脚跟，那看看今天IT业日新月异的发展以及世界巨头进步的速度，我们仍不能有一刻的松懈。我们一天不进步，就可能出局。"

"从太平洋之东到大西洋之西，从北冰洋之北到南美南之南，从玻利维亚高原到死海的谷地，从无边无际的热带雨林到赤日炎炎的沙漠……离开家乡，远离亲人，为了让网络覆盖全球，数万中外员工,奋斗在世界的每一个角落,只要有人的地方就有华为人的艰苦奋斗,我们肩负着为近30亿人的通信服务的责任,责任激励着我们,鼓舞着我们。"

第二节 "垫子文化"

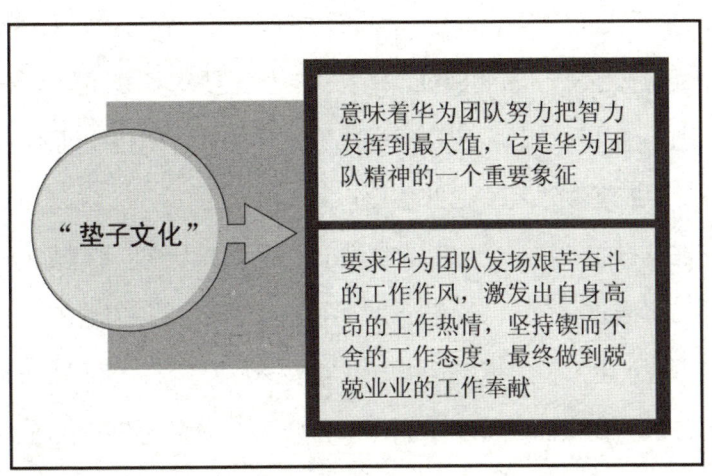

华为自创立以来,就有加班的传统,因为当时在通信设备领域,华为没有任何基础,一切都是从零做起。为了能在最短的时间里把高端路由器这块硬骨头啃下来,任正非和技术部的员工们几个月没有下楼,吃住全在办公室里。由于办公室空间有限,华为的创业团队就买来了一种垫子,累了可以铺开在上面睡一会,不用的时候就卷好放在办公桌底下,轻便简单。

任正非说道:"创业初期,我们的研发部从五六个开发人员开始,在没有资源、没有条件的情况下,秉承20世纪60年代'两弹一星'艰苦奋斗的精神,以忘我工作、拼搏奉献的老一辈科技工作者为榜样,大家以勤补拙,刻苦攻关,夜以继日地钻研技术方案,开发、验证、测试产品设备,没有假日和周末,更没有白天和夜晚,累了就在垫子上睡一觉,醒来接着干,这就是华为'垫子文化'的起源。虽然今天垫子已只是用来午休,但创业初期形成的'垫子文化'记载的老一代华为人的奋斗和拼搏,是我们需要传承的宝贵的精神财富。"

"垫子文化"意味着华为团队努力把智力发挥到最大值,它是华为团队精神的一个重要象征。"垫子文化"要求华为团队发扬艰苦奋斗的工作作风,激发出自身高昂的工作热情,坚持锲而不舍的工作态度,最终做到兢兢业业的工作奉献。

在这样的"垫子文化"的鼓励下,华为团队创造了许多的辉煌。从1988年成立至今,华为已经成为中国电信市场的主要供应商之一,并成功进入全球电信市场。华为是全球少数实现3G WCDMA商用的厂商,它已经全面掌握WCDMA核心技术,并率先在阿联酋、中国香港、毛里求斯等地区获得成功商用,跻身WCDMA第一阵营,成为全球少数提供全套商用系统的厂商之一。"垫子文化"促进了华为的超常发展,而华为凭借这种超常发展,成为中国企业创业、创新和国际化的标杆。

任正非曾说,当我们走上这条路,没有退路时,我们付出了高昂的代价,我们的高层领导为此牺牲了健康。后来的人也仍不断在消耗自己的生命,目的是为了达到业界最佳。沙特阿拉伯商务大臣来参观时,发现我们办公室柜子上都是床垫,然后把他的所有随员都带进去听我们解释这床垫是干什么用的,他认为一个国家要富裕起来就要有奋斗精神。奋斗需要一代一代坚持不懈。

在2000年以前的华为总部,除了市场人员,新入职的华为员工无一例外都会到华为食堂旁边的小卖部去买一个1米宽的泡沫垫子,用于熬夜加班的过程中休息用。

几乎所有的人都把放在办公室里睡觉的"垫子"当作是华为人辛勤工作的证据,不少企业甚至把这当作是鼓励员工加班的典型案例。在华为发展早期,垫子的确是当初加班、勤奋工作的衍生品,但是那是在2001年前,2001年后,从员工的身体健康及企业的发展定位考虑,华为已不再提倡加班制,并明确规定,普通员工加班需要申请,获得批准后才可以加班,并发放加班费。副总裁以上职位者加班没有加班费。确切地说,从那时起华为的垫子已经逐渐演变成人们中午睡觉的工具了。因此,准确地讲,华为今天的"垫子文化"反映了华为的"平民文化"。

不管是早期因为熬夜加班在办公室睡垫子,还是后来单纯的午睡,在华为发展的不同年代担负着不同使命的这块小小的垫子始终有一个没有变的内涵,那就是将华为人的心连在了一起,加班时他们坐在垫子上吃宵夜,讨论工作,午休时他们躺在垫子上讲个笑话聊聊天,一张几十块钱的垫子,缩小了领导与下属之间的距离,拉近了同事之间的感情,不知不觉地为华为注入了一股强大的凝聚力。

一位华为员工曾这样描述自己在华为所感受的"垫子文化":

"每个典型的华为人,都拥有自己的床垫,或者是一张小小的折叠床,或者是一张柔软的睡垫。"

"我还在校园里的时候,就耳闻过这种'垫子文化'。然而,真正走进了华为之后,才发现'垫子文化'并没有外界传说中的那么可怕。我属于销服体系,对研发体系的情况不是很了解。但是,至少在我的办公室里,床垫极少是用来夜晚加班的,而更多时候只是用来午休。"

"中午12点吃饭,下午1点半上班。午餐过后,会有接近1小时的空闲时间,这个时候,床垫就派上用场了。美美地睡个午觉,是一天里最放松的时间。秘书们也会在这个时候把办公室的灯关掉,这样就更有利于睡眠。模糊记得在公司心声论坛上曾看过一个帖子,内容是一个同事抱怨自己的位置中午被一个同事占去睡觉了。结果,众人的反应似乎都是支持那个午睡的人了。所以,在华为,假如你的位置中午被别人占去睡觉了,那也不要抱怨,这就是文化。"

"公司现在已经是全球化的公司了,由于行业的性质,全球时差,有些工作就需要集中到夜晚。这几天,邻座的兄弟就在跟踪一个南美南的项目。项目最近处于攻坚期,有时候需要夜里开会和南美南团队讨论、解决问题,为此,他最近加班比较多,直接的结果就是,午休的时候,因为有些疲惫,呼噜不已。而且有时候,睡到上班时间也没有醒来,最长的一次,一直呼噜着睡到下午3点钟,旁边一些人的工作也受到一点影响。不过,看着他的倦容,却没有一个人忍心去叫醒他。"

第三节 失败：宝贵的财富

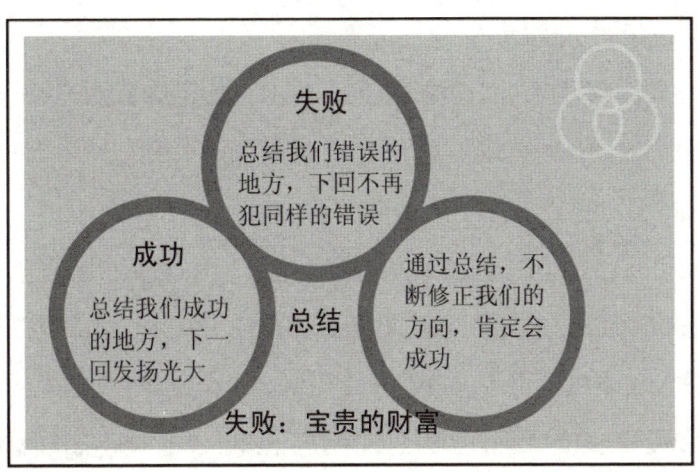

挫折与失败是一所最好的大学。它激发人的斗志，磨砺人的意念，增长人的才干。挫折是压力，是动力，是清醒剂，是催人奋进的力量！美国总统林肯经历了许多常人难以忍受的挫折、磨难与失败，但是他所成就的事业在美国历史上也几乎是无人企及的，还有诺贝尔、凡·高、贝多芬等人类历史上的有作为的大人物，有几个是随随便便就成功的？哪一个没有经历过人生的挫折和磨难？

瑞典化学家、工程师和实业家诺贝尔奖金的创立人诺贝尔，他在炸药发明方面成就卓越。但他遇上的失败也是极其惨烈的，他在1864年研发新型炸药中曾发生过很惨的意外爆炸事件，他的弟弟埃米尔和他的四个得力助手在这次意外爆炸中被炸死，厂房被炸飞了。诺贝尔面对兄弟的遗体和一堆废墟失声痛哭，但他没有失望，没有气馁，没有放弃，而是重新振作起来，当地老百姓不让搞，就另选地方在海上继续做试验，终于成功。诺贝尔一生有 250 项世界级发明专利，单是炸药重要发明专利就有 129 项，逝世时有 30 亿瑞士币，还用巨款设立了诺贝尔奖。

在美国商界流传着这样一句话：一个人如果从未破产过，那他只是个小人物；如果破产过一次，他很可能是个失败者；如果破产过三次，那他就完全有可能无往而不胜。

任正非鼓励华为的员工向世界强敌学习，与他们面对面竞争，并允许失败。他认为失败是华为人的宝贵财富，每失败一次，就提升自己一次。失败并不可怕，失败是一种光荣，一个经常失败的人一定会比一个从不失败的人强，因为他拥有勇于创新、勇于突破的正能量。

任正非在创业初期的 1992 年，决定研发 2000 门网用大型交换机设备 C&C08 机。当时，华为的销售额首次突破亿元大关，利润上千万元。如果不进行自主研发投入，华为的日子可以过得很滋润。但是，任正非还是将上亿元资金投入到 C&C08 机的研发中，义无反顾地走上了充满风险的自主研发的道路。这对华为来说是第一次也是最大的一次冒险，如果不成功，华为将就此消失。任正非甚至在动员会上无比悲壮地对员工说："这次研发如果失败了，我只有从楼上跳下去，你们还可以另谋出路。"

在经历了无数次的失败，付出了将近 1 亿元的损失后，1993 年华为终于推出了 2000 门网用大型交换机设备 C&C08 机。这是华为里程碑式的进步，从此华为的发展开始突飞猛进。

在干部培养方面，任正非的观念是：既要从成功的项目中发现和培养干部，又要从失败的项目中发现人才。他强调在创业和创新的路上，没有现成的模式可以套用，失败也就在所难免。因此，不能因为怕失败，怕担责任就不进行创新，不再寻求突破。

任正非认为，一定要学会在失败中总结，总结失败的原因，总结别人的优势和自己的差距，重新改进自己的不足后，再向强敌们发起冲锋。"总结这两个字，谁都知道它的意思，但是全世界善于总结的人没有几个。成功了，我们要总结，总结我们成功的地方，下一回发扬光大；失败了，我们也要总结，总结我们错误的地方，下回不再犯同样的错误。通过每一次总结，不断修正我们的方向。只要不断地修正方向，我们肯定会成功。"

郭沫若先生曾于1921年写过《凤凰涅槃》，诗序云："天方国古有神鸟名'菲尼克司'，满五百岁后，集香木自焚，复从死灰中更生，鲜美异常，不再死。按此鸟殆即中国所谓凤凰，雄为凤，雌为凰。"任正非表示，"烧不死的鸟就是凤凰"，有些火烧得短一些，有些火要烧得长一些；有些是"文火"，有些是"旺火"。它是华为人面对困难和挫折的价值观，也是华为挑选干部的价值标准。任正非认为，从泥沼里爬出来的才是圣人，烧不死的鸟才是凤凰。在录用干部时，任正非最看重的是这个人有没有经历过重大挫折，并且对于挫折是否有了充分的认识并进行了改进。在他看来，只有失败才能铺就成功，要正视失败，但也要从失败中得到提升。往往是逆境才能去除年轻的华为人身上的缺点和浮躁，才能萃取出其潜在的优点和能力。任正非曾在一次干部培训时讲道："一生走得很顺利的人，你们要警惕一点，你们可能把华为公司拖进了陷阱。人的一生太顺利也许是灾难，处于逆境中的员工注意看，就会发现受挫折是福而不是灾。"

毛生江，1995年已经是市场部总裁，华为要求市场部全体辞职，重新排队。毛生江从一个公司级的领导被撤下来担任话机事业部的总经理，后又担任山东办事处的主任，业绩良好。2000年，任正非又重新任命毛生江为华为副总裁，并号召全公司员工向他学习。华为许多人私下称毛生江为"毛凤凰"或者"毛人凤"。任正非希望不管是经受失败还是取得成绩，华为人都应该以平常心去看待。在荣誉与失败面前，平静得像湖水，这就是华为人应具有的心胸与内涵。

"观看一场你在比赛中把对手打得一败涂地的影片，不会让你学到多少东西。"宝洁前首席执行官雷富礼说，"你或许很开心，但不会学到任何东西。只有观看你在比赛中被打得惨败，或在比赛中自以为会赢，结果却失败的影片，你才会真正学到很多东西。在宝洁公司，我们真正深入了解自己做得不好的事情。开会时，讨论重点是描述自己怎么会搞砸，在哪个方面搞砸了以及为什么会搞砸，自己从中学到了什么，下次准备做出什么改变。当人们刚加入公司时，这样做让他们觉得不舒服，因为人的天性是希望谈论那些事情做得好，但我们仍要坚持下去。"任正非认为，华为人最重要的学习技能是总结能力，这包括对成功经验的总结，也包括对失败教训的总结。华为人一定要学会在失败中总结，总结失败的原因，总结别人的优势和自己的差距，重新改进自己的不足后，再次向强敌们发起冲锋。

第三章 失败与成功哲学

第四节 没有成功，只有成长

2007年11月，阿里巴巴的B2B业务在香港成功上市，成为无数财富神话中的一个而成为媒体焦点、成功榜样，于是像复述所有成功故事一样，人们津津乐道的是它成功的光环和辉煌。但是阿里巴巴CEO马云却表示："上市只是阿里巴巴漫长的长征历程中的一个里程碑，从管理团队角度来看，我们还处在创业阶段。我没有成功，我觉得我们远远没有成功，我们还是个很小的企业，但是我觉得最大的经验就是千万不要放弃，要勇往直前，而且不断地创新和突破，突破自己，直到找到一个方向为止。而且我觉得还有更重要的一点，我们今天面对未来的信心是来自于我们前5年的残酷经验，我们坚信明天更加残酷。"

2012年，华为成为全球五大通信设备商之首。华为在全球经济形势依然严峻、电信设备市场面临较大压力的情况下，仍保持了稳健增长的态势。就2012年上半年而言，在整体销售收入上，华为已经超过爱立信位居全球之首，这也是华为第一次在收入规模上超过爱立信。

然而，在任正非看来，华为还只能算是一个正在成长的孩子，没有经受过大挫折，因此也无从知道它是否具有抗击"寒冬"的能力。只有经历了寒冷彻骨的冬天，并能活得好好的，才能算是一家具有抗风险能力的成功的企业。所以，华为要成为一家成功的企业，就必须在冬天到来之际准备好棉衣,确保顺利过冬。

"什么叫成功?是像日本那些企业那样,经过九死一生还能好好地活着,这才是真正的成功。华为没有成功,只是在成长。"

"华为成长在全球信息产业发展最快的时期,特别是在中国从一个落后网改造成为世界级先进网,迅速发展的大潮流中,华为像一片树叶,有幸掉到了这个潮流的大船上,是躺在大船上随波逐流到今天,本身并没有经历惊涛骇浪、洪水泛滥、大堤崩溃等危机的考验。因此,华为的成功应该是机遇大于其素质与本领。"

任正非表示,华为从上到下要杜绝世界500强这个名词,"我们永远不说进入500强,至少不是一代人、两代人、三代人能够实现的。我说的一代人、两代人不是说华为公司的领导一代、二代,而是说华为公司垮了再起来,再垮再起来,才有可能。"

任正非为此忧心忡忡,他认为,华为经过的太平时间太长了,在和平时期升的官太多了,这都可能构成公司的隐患。

任正非曾指出,一些华为人就像井底之蛙一样,看到华为在局部产品上偶然领先西方公司,就认为华为已是世界水平了。他们并不知道世界著名公司的内涵,也不知道世界的发展走势以及别人不愿公布的潜在成就。

任正非不幸言中,在接下来的2001—2003年,华为人这种由于年轻而特有的幼稚和不成熟,在企业真正遭遇了"冬天"的时候,受到了狠狠的打击。

从那时候起,任正非所倡导的忧患意识逐渐深入华为人的心中,而任正非在华为员工心目中也逐渐树立起了其绝对权威和超凡影响力。

第四章

团队忧患意识

| 任正非 |

HUAWEI'S WINTER

华 为 的 冬 天

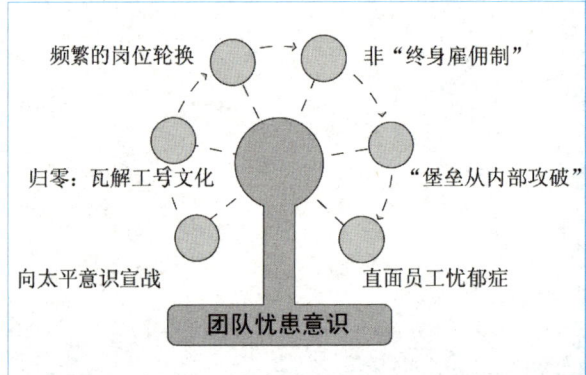

第一节 向太平意识宣战

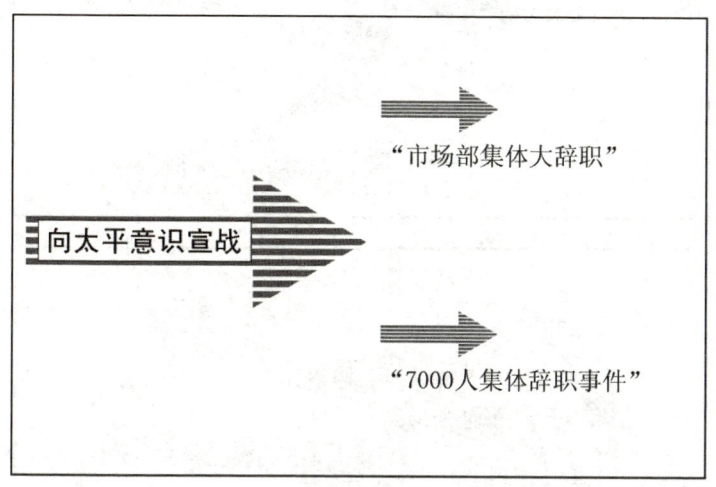

华为总裁任正非常挂在嘴边的词汇中有一个是"沉淀"。在他看来,一个组织发展时间久了,老员工收益不错、地位稳固就会渐渐地沉淀下去,成为一团不再运动的固体:拿着高工资不干活。因此任正非爱"搞运动",他认为,将企业保持激活状态非常重要。"公司在经济不景气时期,以及事业成长暂时受挫阶段,或根据事业发展需要,启用自动降薪制度,避免过度裁员与人才流失,确保公司渡过难关。其真实目的在于,不断地向员工的太平意识宣战。"

"市场部集体大辞职"

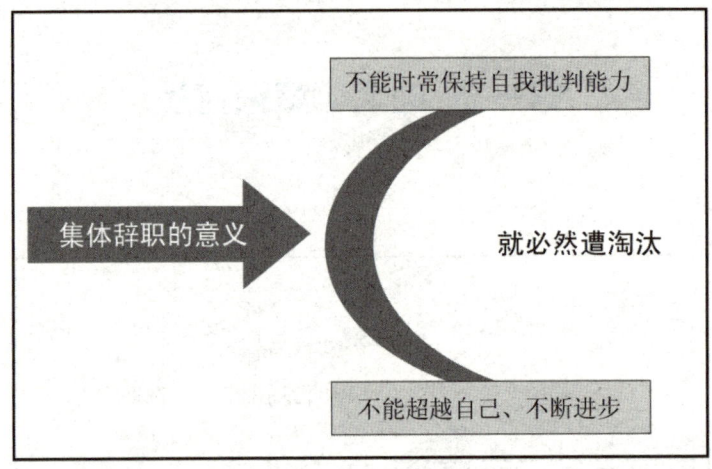

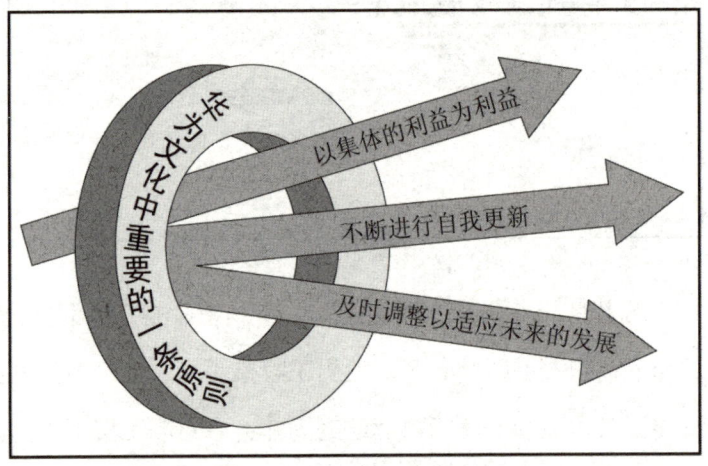

1995年,随着自主开发的C&C08交换机占据国内市场,华为的年度销售额达到15亿元,华为结束了以代理销售为主要赢利模式的创业期,进入了高速发展阶段。创业期涌现的一批管理"干部",许多已经无法跟上企业快速发展的需要,管理水平低下的问题,成

第四章 团队忧患意识

为制约公司继续发展的瓶颈。任正非选择的方式是所谓的"集体辞职"。

1995年12月26日是毛泽东诞辰102周年的纪念日，任正非以一篇题为《目前形势与我们的任务》的万言报告，拉开了内部整训工作的序幕。会议期间，所有市场部的正职干部都要向公司提交两份报告，一份是1995年的工作述职，另一份就是辞职报告。

递交辞职报告的当天，任正非又专门做了动员讲话："为了明天，我们必须修正今天。你们的集体辞职，表现了大无畏的毫无自私自利之心的精神，你们将光照华为的历史！"

随后，时任分管市场的华为副总裁孙亚芳（现任华为董事长）做了集体辞职的激情演说。当市场部代表宣读完辞职书的时候，会场气氛达到了最高潮，许多人眼含泪水走向主席台，抒发自己的感受，台下则有人带头喊起了口号："前进，华为！前进，华为！"整训工作会议历时整整一个月，接下来就是竞聘上岗答辩，华为根据个人实际表现、发展潜力及华为发展需要进行选拔。

在这场运动中，市场部总裁毛生江也没能幸免。据《华为教父》一书介绍，"毛生江刚进入华为不久，就担任了销售C&C08交换机的开发项目经理，参加研发，之后转做市场。他跟人谈的第一桩生意是东北第一台容量超过两万门的交换机项目，合同金额1000万元。1995年11月，毛生江开始担任市场部代总裁。这个突然的决定，意味着他辛勤经营的成果将有可能付诸东流。刚开始他无法接受，但经过短痛之后，他重振精神，一切从零开始，开始'脱胎换骨'。2000年1月18日，毛生江被任命为华为执行副总裁"。

"任正非有一句话：'烧不死的鸟才是凤凰。'华为许多人私下里都称毛生江为'毛凤凰'或者'毛人凤'，有位高层领导曾开玩笑问毛生江：'你是不是一只烧不死的鸟？'当时身心俱疲的毛生江回答：'世界上根本就没有烧不死的鸟。'2002年，毛生江辞职，到尚阳科技担任负责市场营销的副总裁。"

当时市场部的集体辞职开了华为"干部能上能下"的先河，也被业内视为企业在转型时期顺利实现"新老接替"的经典案例。让我们来看看几位当时亲历华为市场部集体大辞职的当事人的切身体会：

"作为一名老市场人员，我深知公司目前处在一个非常关键的时期，要么就成为一流国际大公司，要么就在残酷的竞争中昙花一现。如果以这样的心态去工作，不如趁机早下台，让有冲劲有能力的人来指挥。作为一名华为老员工，更有责任去勇挑重担。人活着是为了什么？不是为了个人发财和享乐，而是要不断地挑战自己，改造自己，为社会创造价值。集体辞职的意义就在这里：不能时常保持自我批判能力，不能超越自己、不断进步，就必然遭淘汰。"

"不能否认递交两份报告时的矛盾心情，要离开曾经费尽心血开拓的市场，离开朝夕相伴的同事，而即将面临的又是一个未知的发展前途，心中的压力又陡然增加了几分。但是我也深知华为文化中重要的一条原则即'以集体的利益为利益，不断进行自我更新，及时调整以适应未来的发展'，对作为发展'高、新'产业的华为来讲，竞争的压力不言而喻，危机与机遇并存，任何时刻我们都不能忘记'高、精、尖的技术水平及持续不断的更新发展'是公司生存

第四章　团队忧患意识

的根本。为了公司整体利益的实现，我们必须要放弃某些个人的利益，适应与熟悉也不应成为我们维护现状的借口。如果华为人心涣散，固步自封，又怎能谈及未来？我们需要集体的智慧去创造尖端技术、把握电信行业发展的脉搏；要用集体的力量去开拓市场、服务大众。市场部全体人员都继承并发扬'胜则举杯相庆，败则拼死相救'的集体主义精神，那么，任何阻力与困难都会在我们面前变得弱小了。"

"辞职以后，公司的发展越来越迅猛。我们逐渐摆脱了低层次竞争。我们的市场队伍更加团结，士气更加高涨，目标更加清晰，组织更有效率，资源得到更有效的利用。如果像我这样只知道胡冲乱闯的'猛张飞'还在位的话，所有的变化会发生得这么快吗？通信市场的无情，是不会等我们慢慢调整步伐的，一步落后，步步落后，营销手段必须快速跟上市场的发展。我的'下岗'，正是为了公司能迅速调整追赶市场的步伐，对此，我无怨无悔。两年多了，集体辞职的意义我是慢慢品出来的：只有舍弃自我，融入大我，把公司的利益作为最高的利益，才能实现自我的升华。"

2000年，任正非在"集体辞职"4周年纪念讲话中，对1996年以孙亚芳为首的那次历史事件给予了高度的评价："市场部集体大辞职，对构建公司今天和未来的影响是极其深刻和远大的。任何一个民族，任何一个组织只要没有新陈代谢，生命就会停止。如果我们顾全每位功臣的历史，那么就会葬送公司的前途。如果没有市场部集体大辞职所带来对华为公司文化的影响，任何先进的管理，先进的体系在华为都无法生根。"

华为号召全体华为人包括市场部的工作人员学习市场部的精神，就是为了让华为团队始终充满危机意识，在务实中不断优化自己。

"7000人集体辞职事件"

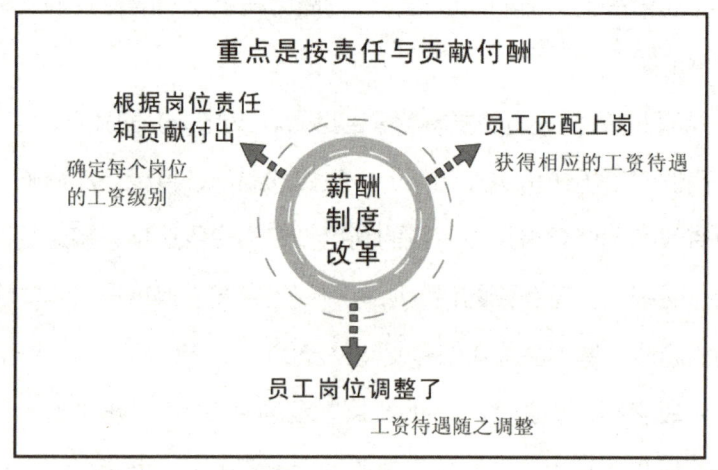

2007年11月初，新《劳动合同法》实施的前夕，华为出台了一条关于劳动合同的新规定：华为公司包括"一把手"任正非在内的所有工作满8年的华为员工，在2008年元旦之前，都要先后主动办理辞职手续（即先"主动辞职"后"竞业上岗"），再与公司签订1～3年的劳动合同。所有自愿离职的员工将获得华为相应的补偿，补偿方案为"N+1"模式（N为员工在华为连续工作的工作年限）。该方案2007年9月已获通过，2007年10月前华为公司先分批次与员工私下沟通取得共识，2007年10月开始至11月底为方案实施阶段。可是，在各方面的压力面前，华为又自行终止了辞职与再续聘方案。在达成自愿辞职共识之后,再竞争上岗,与公司签订新的劳动合同,工作岗位基本不变,薪酬略有上升。

这一规定立刻遭遇媒体的抨击,各方谴责一片。大家认为,华为此举是为了花大钱"买断工龄"。于2008年元旦实行的《劳动合同法》中规定,企业要和工龄10年以上的员工签订"无固定期限劳动合同"。而这条规定显然与华为强调"保持激情""危机意识""来去自由"的企业文化相悖。新《劳动合同法》规定的"无固定期限合同工"一项,是有些需要进一步解释的地方。毕竟铁饭碗一直禁锢了中国经济发展许多年,毕竟中国企业至今还没有全部从铁饭碗中解放出来。一朝被蛇咬,十年怕井绳。"铁饭碗"统治了中国几十年,"以厂为家"在突出主人公作用的同时,也养了懒汉,至今还是某些国企无效率经营的托辞,在这样的时候,推出一个"无固定期限合同工",是有些别扭。华为的做法发出一个明确的信号,公司不是家。

华为否认此次人事改革是为了针对当时即将实施的《劳动合同法》,而是出于战略调整的需要,旨在打破"小富即安"的思想,唤醒华为团队的"狼性",提升华为团队战斗力和公司的竞争力。近10年来,华为通过快速发展,员工人数迅猛增到7万余人。但在扩张的过程中,也积累了一些问题。华为希望通过辞职再竞岗,唤醒员工的血性,为公司注入新的活力。

2007年11月,《IT经理世界》资深记者冀勇庆在接受媒体采访时说道:"我了解的情况和媒体报道出入不大,这不是华为简单规避新《劳动合同法》,新《劳动合同法》是一个诱因,华为早就有人力资源调整方面的需求，这跟通信行业大环境有关。这几年电信行业竞争越来越激烈，特别是大的电信运营商出现大的合并浪潮，由此造成上游电信设备商日子越来越不好过。这两年诺基亚、西门子、阿尔卡特和朗讯都在做并购，并购之后的日子也不好过，并购后厂商利润也在下滑。没有参加并购如爱立信这样的公司日子也不好过，也是出现利润大幅度下滑。"

"回到华为来看，华为现在同样面临这样一个问题。我们看华为最近财报的数据，华为去年（2006年）合同销售额达到110亿美金，销售收入达到85亿美元，净利润5亿多美元，它的收入是在快速增长，但是我们看到它的利润率却在大幅度下降，近4年来从2003年开始华为的毛利率是53%，2004年下降到50%，2005年下降到41%，2006年只有36%，下降得非常厉害。在这样一种情况下华为面临着怎样进行调整的问题，除了开源，就是加强在国际市场的开拓力度，另外一方面就是要节流。华为从去年（2006年）开始进行定岗定薪，很多员工重新开始在公司内部调整职位，这种调整在华为实际已经进行了一到两年时间。只不过这次新颁布的《劳动合同法》进一步促使华为对公司内部结构进行调整，我是这么认为的。"

华为内部通告透露，此次人事变革并非如外界所传是"强制性"的，而是允许员工进行二次自愿选择。华为称，不排除有些员工是出于"从大流"的心理而做出"辞职"决定，因此提出这部分员工可以再次做出自愿选择的建议：他们可以退出"N+1"补偿，同时领回原来的工卡，使用原来的工号。事实上，到最后，没有任何员工提出要退回"N+1"经济补偿，领回原来的工卡，使用原来的工号。

第四章 团队忧患意识

备受关注的华为"辞职门"事件在2007年12月底终于落幕，华为人力资源部2007年12月29日向华为全体员工发布的一份《关于近期公司人力资源变革的情况通告》显示，在华为"7000人集体辞职事件"中，有着1号工号的任正非也率先向董事会提出了退休申请，在11月份得到了董事会的批准。不过，经过董事会的挽留协商，任正非继续返聘担任CEO的职务，并从12月14日开始重新返聘上任。除了任正非提出退休申请之外，华为资料显示，还有93名各级主管，尤其是部分中高级主管自愿降职降薪聘用。

根据华为的通告显示，这次大辞职事件总共涉及了6687名高、中级干部和员工。最后的结果是，6581名员工已完成重新签约上岗，共有38名员工自愿选择了退休或病休，52名员工因个人原因自愿离开公司寻求自己的其他发展空间，16名员工因绩效及岗位胜任等原因离开公司。

这份通告将此次事件总结定性为"7000人人事变革事件"，并称这将与"1996年市场部集体大辞职""2003年IT冬天时部分干部自愿降薪"一样，永载华为史册。

2007年12月，一华为员工在接受媒体采访时说："好像大家都在拿华为竞聘返岗说事儿，到底好不好，只有我们亲自参与的职工最清楚。"这位华为员工1998年进入华为，如今是一个不折不扣的"老人儿"。从11月中旬开始，他拿到公司给的20万元补偿，之后利用20天带薪假期去了中国香港、澳门和新加坡逛了一大圈。

"我去香港给妻子买了一堆化妆品和新衣服，给孩子买了索尼新款游戏机，自己买了一台佳能的专业相机。如果是在辞职前，我没这个闲钱更没时间。"跟他一样辞职返岗的员工基本都获得数额不菲的补偿，重新获得相应的岗位，很多人还升了职。

即使离开了华为，有在华为的工作资历，在深圳找份新工作并不难。

任正非认为，这次薪酬制度改革重点是按责任与贡献付酬，而不是按资历付酬。根据岗位责任和贡献付出，确定每个岗位的工资级别；员工匹配上岗，获得相应的工资待遇；员工岗位调整了，工资待遇随之调整。人力资源改革，受益最大的是那些有奋斗精神、勇于承担责任、冲锋在前并做出贡献的员工；受鞭策的是那些安于现状、不思进取、躺在功劳簿上睡大觉的员工。老员工如果懈怠了、不努力奋斗了，其岗位会被调整下来，待遇也会被调整下来。华为希望通过薪酬制度改革，实现鼓励员工在未来的国际化拓展中持续努力奋斗，不让雷锋吃亏。

华为走到今天，靠的是这种奋斗精神和内部的一种永远处于激活状态的机制。自 2002 年开始，华为为了避免濒于崩溃，系统性地进行了一系列内部管理机制和人力资源的变革，其目的就是提升竞争活力，适应外部的这种压力和挑战，构筑面向未来可持续发展的基础。华为称，这次人事变革的主因是华为已经进入了竞争最为激烈的国际市场腹地，在全球化拓展中，干部培养和选拔问题日益突出，因此制定并推行了三权分立的干部管理制度等措施。

第二节 归零：瓦解"工号文化"

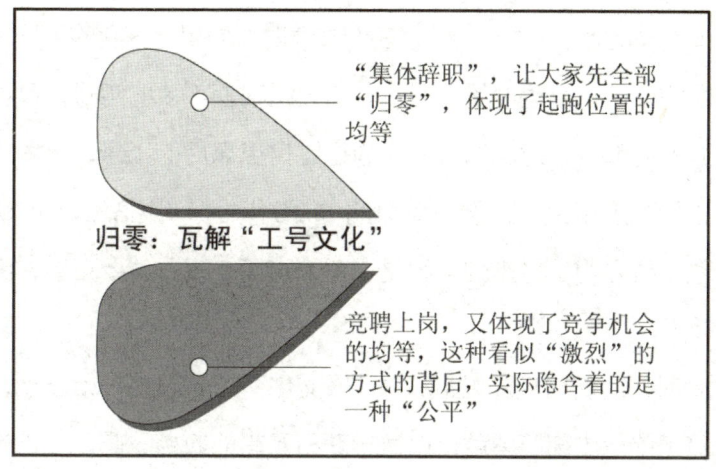

"工号文化"在华为的发展过程中起了较为重要的作用，工号的唯一性有利于华为进行人力资源管理，工号的信息属性能够有效地反映出工号拥有者的身份、资历、地位，便于相互不熟悉的员工之间基于工号建立"下尊上、新尊老"的企业伦理文化氛围。

作为员工入职的序号，工号的本意是人事排序，便于管理，但是随着队伍的壮大，工号的长短成了一种鉴别新旧的标签，甚至就是老人歧视新人的依据。老员工遇到一个新员工，先瞄一眼对方的工号；外面的企业遇到华为人，也动不动先问上一句：你工号多少？

一位曾在华为任职的人士表示，在很多华为人眼中，工号的长短被视为炫耀的资本。工号是华为对员工的编号，任正非是 001 号，依此类推，按照入职时间先后排序。实际上，华为在成立初期为了给予员工长期激励，建立了股权激励计划，员工根据工作时间长短可以获得一定的内部股，由于股权与工作时间以及员工的工号间接相联系，这就形成了华为独特的"工号文化"。

曾有华为员工这样表示："在看邮件时，如果是在我的工号之前的人发的，肯定是重要的，要看。如果和我差不多的工号，那也会看，但不会那么在意。如果显示的是比自己靠后的工号，更多的时候就直接跳过了。"工号这串数字，成为华为员工论资排辈的最明显体现。华为的工号排列规则是，有人走了，工号就要空着，不会往上补人。

同时，随着时间的发展，"工号文化"的弊端也开始显现，部分老员工单凭内部股票就可以每年获得不错的收益，与新员工的收入形成明显对比，严重打击了员工积极性。华为的"工号文化"，除了让大家觉得工号靠前的人就是有钱人之外，在公司的很多方面也有很深的影响。

一位华为员工曾这样描述华为"工号文化"的弊端：记得有一次他找到公司专门预订机票的部门预订机票，这个部门的服务员首先就是看工号，一看他的工号比较靠后，询问信息时对他呼来喝去。而在此时，进来一位工号比较靠前的同事，这位服务人员立马热情异常。这让他非常郁闷。

当工号成为一种文化，这份潜移默化的影响，是存在着种种弊端的。实际上，这些弊端，恐怕也正是华为鼓励员工下岗再就业的重要原因。

在2007年华为"7000人集体辞职事件"中，华为公司要求包括任正非在内的所有工作满8年的员工，在2008年元旦之前，都要办理主动辞职手续，竞聘后再与公司签订1~3年的劳动合同；废除现行工号制度，所有工号重新排序。001号不再是总裁任正非的专属号码。

华为采取辞职再上岗的方式，其实就是核心高管们已经意识到"工号文化"的巨大危害。任正非以身作则，也就没有任何人敢提出异议。"工号文化的确部分制约了公司的创造力。"华为在声明中表示，此次另一个目的则是针对公司逐渐出现的"工号文化"。"让公司更有活力，内部分配的不和谐需要做一些调整。"华为表示，因为配发股票期权等历史原因，一些进公司较早的员工有了一定的物质积累。

"集体辞职"，让大家先全部"归零"，体现了起跑位置的均等。竞聘上岗，又体现了竞争机会的均等，这种看似"激烈"的方式的背后，实际隐含着的是一种"公平"。

2009年9月份，阿里巴巴集团十周年庆祝会的欢庆味道余温未退，18位创始人就不幸遭当头棒喝，阿里巴巴集团董事长马云宣布，阿里巴巴的创业元老集体辞职，重新应聘，阿里巴巴集团从此进入合伙人时代。1到18原本是作为创始人标记的工号，通过重新竞聘后，这18个人的工号数字将排在2万位之后。可见，"工号文化"同样让阿里巴巴这个新兴的企业深恶痛绝。

第三节 频繁的岗位轮换

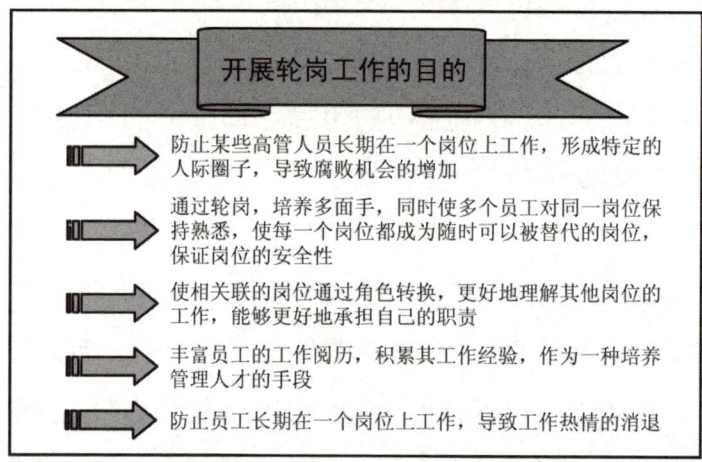

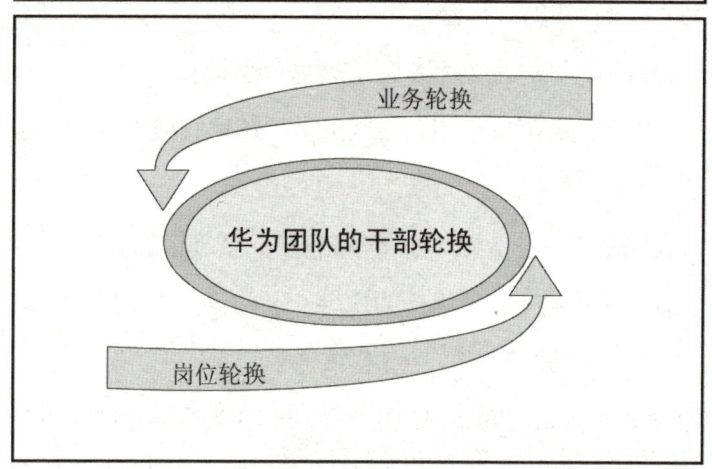

中国有句古话：流水不腐，户枢不蠹。这句话用来形容"轮岗制"在企业中的作用再合适不过了。"任何人在工作中都需要挑战和新鲜感，在一个岗位太久，就会形成惰性，而轮岗制则会使人对工作充满新鲜感。"

第四章　团队忧患意识

就像很多演员"演而优则唱"一样，企业中的人才也希望自己能够一专多能，有更广阔的发展空间。而那些真正把握住员工心理的企业就像那些明星的经纪公司一样，想方设法挖掘员工的潜力，为他们提供更大的舞台。同时这也是为了给企业创造更大的价值。

人像动物一样具有喜新厌旧的本能，任何工作，干的时间一长，就可能感到厌倦、无聊。企业有意识地安排职工轮换做不同的工作，可以给员工带来工作的新鲜感、新奇感，调动员工的工作积极性，可以让员工学习多种技能，同时也挖掘了各职位最合适的人才。

于是，一种以双赢为宗旨的企业轮岗制度应运而生。

企业之所以要开展轮岗工作，其目的一般有五个：第一，防止某些高管人员长期在一个岗位上工作，形成特定的人际圈子，导致腐败机会的增加；第二，通过轮岗，培养多面手，同时使多个员工对同一岗位保持熟悉，使每一个岗位都成为随时可以被替代的岗位，保证岗位的安全性；第三，使相关联的岗位通过角色转换，更好地理解其他岗位的工作，能够更好地承担自己的职责；第四，丰富员工的工作阅历，积累其工作经验，作为一种培养管理人才的手段；第五，防止员工长期在一个岗位上工作，导致工作热情的消退。

轮岗已成为企业培养人才的一种有效方式，很多成功的公司如IBM、西门子、联想等都已经在公司内部或跨国分公司之间建立了岗位轮换制度。

加拿大北电网络公司则把轮岗作为促进员工职业发展的重要手段。在北电网络，员工工作两年后，通常可以根据工作的需要或自己的要求交换彼此的岗位。公司高层之所以这样做，是基于这样一种考虑：要想留住人才，单靠物质奖励是难以奏效的。因为员工个人的物质水平随着时间的推进提高，薪金的奖励作用在慢慢降低。对于北电网络公司来说，轮岗提供了职业发展的空间，留住了优秀人才。而在员工看来，在交换工作岗位的过程中，不但享受到了类似"跳槽"的新鲜和乐趣，而且从中学到了不少东西，对自己日后的职业发展大有好处。

"轮岗制"是华为实行的一种体验式的快速学习方式。华为团队的干部轮换有两种：一种是业务轮换。如让研发人员去搞中试、生产、服务，使他真正理解什么叫做商品。另一种是岗位轮换。即让高中级干部的职务发生变动。任正非认为，职务变动有利于公司管理技巧的传播，形成均衡发展，同时有利于优秀干部快速成长。

任正非主张华为团队的高层干部要下基层，要在实践中增长才干，其中一个重要的保证，就是实行干部轮岗制。在他看来，职务变动有利于公司管理技巧的传播，形成均衡发展，同时有利于优秀干部快速成长。任正非称："干部循环和轮流不是一个短期行为，是一个长期行为。华为会逐步使内部劳动力市场走向规范化，要加强这种循环流动和培训，以在螺旋式上升中提升自己。"

几乎所有华为团队成员都有过轮岗的经历，一般华为员工工作1～2年后就要换一个岗位，而且还有比这更频繁的。"轮岗制"不仅有平级向上晋升，还有降级轮换的。甚至很多人都是从副总裁被直接任命为办事处主任的。如果没有一套健全的调节机制做保障，干部队伍可能会因此而乱掉，正常的工作部署也会七零八落。这种看似残酷的培训方式成为华为培养后备人才行之有效的途径之一。

同时，对于个人来讲，无论是升迁还是降级，都是人生的一笔财富。

这样频繁地进行岗位调动，首先是因为华为公司近些年来业务的急速发展，人员数量扩张得非常厉害，而且由于招聘的员工基本是大学校园的应届毕业生，根本无法知道谁在什么岗位上是最合适的，因此"轮岗"的制度可以使员工各得其所。对于那些已经在华为工作了几年的老员工而言，若不实行轮岗制，可能有的员工会想，来公司已经好几年了，除了向目前的序列发展之外，我还有什么样的发展空间呢？我还有什么样的能力呢？

其次，华为的管理者看到企业部门与部门、人与人之间的信息交流和相互协作出现了问题。用华为团队员工自己的话说就是"总部一些制定政策的部门不了解一线客户需求，出台的政策很难执行，瞎指挥"。"服务部门和事业部有隔阂，话说不到一块儿去"。没有切身的体会是很难做到换位思考的，轮岗制正是解决这个问题的良药。

同样，在岗位上已经工作了一段时间的员工进入一个新的领域其实并不困难。华为在考虑了员工的学习能力和工作表现后，会让他进入一个崭新的岗位，本来在机关从事管理的岗位，突然换到市场从事一线销售的也大有人在，这样做更多的是华为希望员工通过丰富的职业经验来拓宽他们职业的视野以及事业发展的宽度。

最初提出岗位轮换的是华为前副总裁李一男，他当时给任正非写了一个报告，建议高层领导一年一换，这样不容易形成个人权力圈，造成公司发展整体不平衡。这个建议得到了任正非的认可，并立即在华为推广开来。

任正非说:"我们对中高级主管实行职务轮换政策。没有周边工作经验的人,不能担任部门主管。没有基层工作经验的人,不能担任科级以上干部。我们对基层主管、专业人员和操作人员实行岗位相对固定的政策,提倡'爱一行,干一行;干一行,专一行'。"

华为的每一位主管几乎都有轮岗、换岗的经历,调换工作地点或者部门对他们来说很平常。而调换的原因可能因为业绩不佳,需要更合适的人选来替代;也可能因为干部的业绩太好,调换到新的岗位可以把好的经验加以推广;更可能没有任何理由。因为任正非希望通过干部强制轮岗,鼓励管理者积累多项业务的管理经验,并促进部门之间、业务流程各环节之间的协调配合,同时制度化和经常化地轮岗,也有利于激活团队。

任正非表示:"干部轮换有两种:一种是业务轮换。如研发人员去搞中试、生产、服务,使他真正理解什么叫做商品,那么他才能成为高层资深技术人员,如果没有相关经验,他就不能叫资深。因此,资深两字就控制了他,使他要朝这个方向努力;另一种是岗位轮换。让高中级干部的职务发生变动:一是有利于公司管理技巧的传播,形成均衡发展;二是有利于优秀干部快速成长。"

2000年,华为动员了200多个硕士到售后服务系统去锻炼。"我们是怎样动员的呢?我们说,跨世纪的网络营销专家、技术专家要从现场工程师中选拔,另外,凡是到现场的人工资比中研部高500元。一年后,他们有的分流到各种岗位上去,有的留下做了维修专家。他们有实践经验,在各种岗位上进步很快,又推动新的员工投入这种循环。这种技术、业务、管理的循环都把优良的东西带到基层去了。"

为加强研发市场驱动机制的运作,充分理解客户的需求,促进人才在华为内部的轮换和流动,华为每年都要派一些研发干部去市场,让那些一直在实验室里与设备打交道的科研人员到市场一线,直接接触客户。

在华为的岗位轮换上,华为前执行副总裁毛生江的职业经历很具有代表性。他从1992年进入华为,到2000年升任集团执行副总裁,8年时间,他的工作岗位横跨了8个部门,职位也随之高高低低地变动了8次:1992年12月任项目组经理;1993年5月任开发部副经理、副总工程师;1993年11月任生产部总经理;1995年11月调任市场部代总裁;1996年5月,任终端事业部总经理;1997年1月任"华为通信"副总裁;1998年7月任山东代表处代表、山东华为总经理;2000年1月,被任命为华为执行副总裁。毛生江这样说道:"人生常常有不止一条起跑线,不会有永远的成功,也不会有永远的失败,但自己多年坚持一个准则:既然选择,就要履行责任,不管职责如何变迁,不管岗位如何变化,'责任'二字的真正含义不变。"

随着公司的发展,华为的岗位轮换制日益成熟起来,它促使员工和干部掌握多种技能,以适应环境的变化;同时避免了因在某一岗位任职时间太长,从而形成官僚主义、利益圈等弊病。

通过岗位调换华为实现了人力资源的合理配置和潜力的激活,促进了人才的合理流动,使人力资本的价值发挥到最大。

如果员工在某个岗位感觉不是得心应手,华为会允许他再重新选择一个他认为更合适的岗位，当然华为也提倡"干一行，爱一行"。为防止基层员工随意转岗，任正非指示有关部门，那些已经转岗的和以后还要转岗的基层员工，只要不能达到新岗位的使用标准，而原工作岗位已由合格员工替代的，建议各部门先劝退，各部门不能在自己的流程中，有冗余和沉淀，华为每年轮岗的人数不得超过总数的17%。他警告说，哪个部门的干部工作效率不高，应由这个部门的"一把手"负责任。

俗语说："铁打的营盘流水的兵"，但如果让员工在企业内部流动，这句话就可以反过来说成"流水的兵铸就铁打的营盘"了。

华为前人力资源总裁张建国表示："一个人在一个岗位干的时间长了，就会有惰性，产生习惯思维。但是到了新的岗位以后，会激活他的思想，大家一般都会想表现得好一些，所以在新岗位的积极性也会很高。工作几年以后，人到了一个舒适区，也就很难有创新了，所以一定要有岗位的轮换。在华为，没有一线工作经验的不能当科长。新毕业大学生一定要去做销售员，做生产工人，干得好就提上来。"

关于轮岗的重要性，联想董事局主席柳传志于 2003 年 8 月在一次题为《天将降大任于联想，联想是年轻人的联想》的讲话中说道："管理人员到了一定程度以后，岗位要进行轮换。为什么要进行轮换呢？因为他在这个岗位做，实际上是体现他的学习能力的一个很好的方式。这个部门他做得好，是不是能够充分地研究为什么做得好。换了一个部门，还能够做得好，还能讲出道理，换了第三个部门，依然如此的话，这个人可以升了，可以承担更大的工作。如果没有的话,仅在一个部门,很好,就往上走,这里面有偶然性。所以轮岗是一种非常重要的方式。"

任正非表示,各级干部要互相知晓,财务干部要懂些业务,业务干部应知晓财务管理。有序开展财经和业务干部的互换及通融,财务要懂业务,业务也要懂财务,混凝土结构的作战组织,才能高效、及时、稳健地抓住机会点,在积极进攻中实现稳健经营的目标。

第四节 非"终身雇佣制"

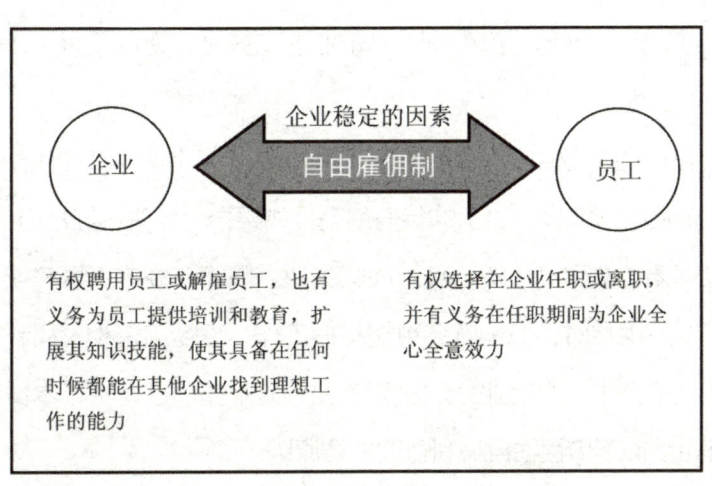

终身雇佣制,是日本企业战后的基本用人制度。所谓终身雇佣制,并不是法律或成文规定意义上的制度。在日本的法律和企业制

度中，根本没有关于雇主必须实行终身雇佣制的规定，更不是"一进企业门，一辈子是企业的人"，不论干好干坏都不能开除意义上的"铁饭碗"。

终身雇佣制是由创立于1918年的松下公司提出的。其创业者、被尊为经营之神的松下幸之助提出："松下员工在达到预定的退休年龄之前，不用担心失业。企业也绝对不会解雇任何一个'松下人'。"这样一来，企业可以确保优秀的员工，员工也可以得到固定的保障。松下开创的经营模式被无数企业仿效，这一终身雇佣制度也为"二战"以后的日本经济腾飞做出了巨大贡献。

终身雇佣制也是日本企业异军突起的重要因素。曾经有学者认为，在那个时代美国企业为什么竞争不过日本企业，最重要的原因之一就是日本企业实行终身雇佣制。企业为员工提供了终身雇佣制的保证，以此培养、约束员工对企业的忠诚度，为企业为工作奉献自己的一生。

在这些企业中，公司经营好坏同个人前程和收入有直接关系。如果企业经营得好，员工的待遇就高；如果企业经营不好甚至倒闭，员工就无法拿到高工资，甚至面临失业。因而在经济不景气或企业经营发生困难时，员工就会更加拼命工作，忍受工资少、福利低等个人经济损失，为企业分忧，与企业共渡难关。这就是日本员工为搞好企业而不惜牺牲自身利益的主要原因。

日本实行终身雇佣制与其国家文化有密切关系，许诺、责任感和牺牲精神，这些价值观念和态度形成了特有的日本文化。正是因为这种文化，使日本的公司有责任为员工提供终身的保障，而员工则要为公司奉献终身。

然而，经过10年的经济萧条，使得这些信仰开始发生重要变化。终身雇佣制也不再是日本企业用人制度的首选。2002年有一项对日本2259家非金融产业上市公司调查的结果表明，只有19.5%的企业还在维持终身雇佣制，而53.9%的企业已经无法维持终身雇佣制。随着越来越多的日本公司放弃了终身雇佣的制度，有许多公司也开始在他们的劳动力管理实践中引进了一种以业绩表现为基础的全新管理制度。这种体制重视职员的个人能力和业绩表现，这无疑体现了当今世界日益激烈的商业竞争的需要。

任正非表示，华为不搞终身雇佣制，但这不等于不能终身在华为工作。华为主张自由雇佣制，但不脱离中国的实际。

终身雇佣制，就意味着员工一旦被公司聘用就将为其奉献终身。使得无论是公司还是员工，都感觉对对方有种责任和义务。在环境相对稳定时，终身雇佣制是企业中劳资关系的平衡点。它能为员工的职业生涯提供牢靠的保证，也使员工完全忠诚于企业，是企业提高劳动生产率的一种有效手段。

任正非主张的自由雇佣制，使企业与员工有平等的双向选择权。企业与员工之间是契约关系，企业有权聘用员工或解雇员工，同时也有义务为员工提供培训和教育，扩展其知识技能，使其具备在任何时候都能在其他企业找到理想工作的能力。员工也有权选择在企业任职或离职，并有义务在任职期间为企业全心全意效力。

任正非认为："公司与员工在选择的权利上是对等的，员工对公司的贡献是自愿的。由于双方的选择是对等的，领导要尊重员工，员工要珍惜机会，对双方都起到了威慑作用，所以更有利于矛盾的协调。"

华为实施的自由雇佣制，目的也在于要把危机意识和压力传递到每一个员工身上，使内部机制永远处于激活状态。

公司的制度也以适应自由雇佣制来制定。例如，公司每年向每位员工发放退休金，建立他的个人账户，离开公司时这笔钱可随时带走，使员工不要对企业产生依赖。越是这样员工越是稳定，所有的员工都会想办法不让上级把自己"自由"掉了，上级也担心与员工处不好，不能发挥他的作用，做不出成绩来。一旦员工要被"自由"掉了，可先转入再培训，由培训大队对员工进行再甄别，看到底是这个员工确实不行，还是领导对员工的排斥、打击，所以领导也不会随意挤对一个员工。对人才没必要一味迁就、承诺，随意承诺是灾难。企业和员工的选择是对等的，企业做不到的地方员工要理解，否则你可以不选择企业，若选择了企业就要好好干。自由雇佣制是企业稳定的因素。

2000年，任正非发动了"内部创业"活动。他在《华为的冬天》一文中，做出了变革之前的总动员："今天要看到这个局面，我们现在正在扩张，还有许多新岗位，大家要赶快去占领这些新岗位，以免被裁掉。不管是对干部还是对普通员工，裁员都是不可避免的。我们从来没有承诺过，像日本一样执行终身雇佣制。我们公司从创建开始就是强调来去自由。内部流动是很重要的，当然这个流动有升有降，只要公司的核心竞争力提升了，个人的升降又何妨呢？'不以物喜，不以己悲。'因此，我们各级部门要真正关怀干部，不是保住他,而是要疏导他,疏导出去。"

在这一次人事变革中,华为公司规定:凡是在公司工作两年以上的员工,都可以申请离职创业,成为华为的代理商,公司除了给予相当于员工所持股票价值70%的华为设备之外,还承诺半年的保护扶持期。任正非希望以一种温和的方式有组织地实现新老交替。在这一次运动中数以千计的华为人踏上了创业征程。

第五节 "堡垒从内部攻破"

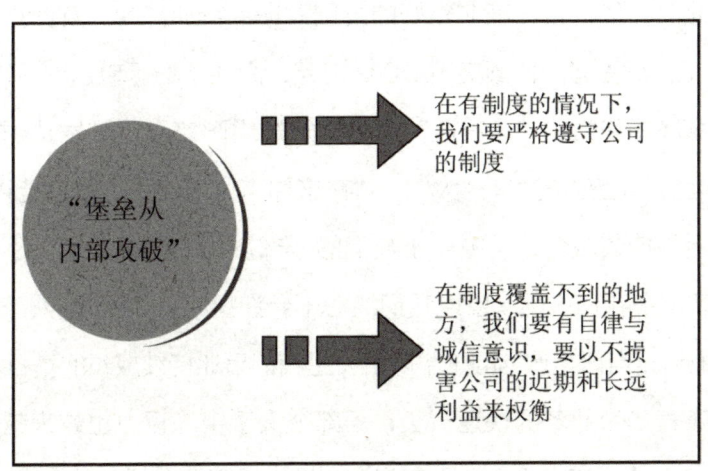

依照华为今天的竞争力和拼搏状态,没有对手能够将华为打倒,华为最大的风险将会来自于内部——来自于内部可能滋生的骄奢淫

逸，来自于内部可能出现的贪污腐败，来自于内部可能产生的帮派林立。在可见的未来，打倒华为的可能是华为自己！对此，任正非非常明白："创业容易守业难，堡垒最容易从内部攻破。我们要时刻保持清醒，强化干部自我监管和组织监管机制的建设，保持干部队伍的廉洁和奋斗，只有这样，公司才有可能长久地活下去。"

2007年9月29日下午，华为在总部召开了《EMT自律宣言》宣誓大会，面对与会的几百名中高级干部，EMT成员任正非、孙亚芳、郭平、纪平、费敏、洪天峰、徐直军、胡厚崑、徐文伟集体举起右手，庄严宣誓："我们必须廉洁正气、奋发图强、励精图治，带领公司冲过未来征程上的暗礁险滩。我们绝不允许'上梁不正下梁歪'，绝不允许'堡垒从内部攻破'。我们将坚决履行以上承诺，并接受公司审计和全体员工的监督。"

此时，华为正面临非常好的发展时期：行业洗牌，友商重整。2007年，华为总销售额突破160亿美元，海外市场可望达到总销售额的80%，华为的"产粮区"开始从发展中国家覆盖到发达国家，高端运营商已对华为打开大门。"在这种市场形势下，华为能否把握机会并持久成功，关键在于我们的干部队伍。如果我们上不去，要垮就垮在我们内部，所以我们绝对不允许堡垒从内部攻破，塑造一支廉洁、自律与诚信的干部队伍将是我们事业持续成长的基石。"

随着华为业务的快速成长，干部个人手中的权力也越来越大，包括EMT成员和宣誓大会所有与会人员。干部权力越来越大，有利的一方面是干部有更好的成长空间，不利的一方面是干部太年轻，大多数是从学校直接进入华为的，缺少磨炼。

任正非说:"我们的心理成熟度、自身修养还不够。我们难免受到各种诱惑,尤其是在中国今天这个大环境下,高速经济增长刺激了人们的各种欲望,冲击着我们的价值体系。"

在这样的社会大环境下,任正非认为,干部的德行修养显得尤为重要。况且,华为的制度正在完善过程中,到处可以钻空子。在制度不完善和监督制约机制不健全的地方,干部很容易以权谋私。经济收入的改善,很容易滋生惰性,追求物质享受。"外在的诱惑,可能会腐蚀我们整个干部队伍。我们对干部强调自律与诚信、责任意识、使命感,这都是干部的'德'在企业里的体现。"

任正非表示,干部身在高位,更应该严格要求自己,不能利用任何权力为自己和自己的亲属、好友谋利。而要做到自律与诚信的前提是无私,中国有句古话"无欲则刚",当然这个无欲是需要修炼的。

"在有制度的情况下,我们要严格遵守公司的制度;在制度覆盖不到的地方,我们要有自律与诚信意识,要以不损害公司的近期和长远利益来权衡。我们EMT成员已自查了,而且今天宣誓了,下面各级主管要层层自查,层层宣誓。我们这样做是为了华为的明天,绝不允许华为有腐败的空间。"

"只有我们围绕自律与诚信、责任意识、使命感,对各级干部持之以恒地要求,只有我们的各级干部围绕自律与诚信、责任意识、使命感不断修炼,我们才能造就出一支支持公司事业长期发展的干部队伍,迎接公司灿烂的明天。能挡住我们前进的,唯有我们内部的腐败。"

第六节 直面员工忧郁症

据世界卫生组织的预测,忧郁症将成为 21 世纪人类的主要杀手。全世界患有忧郁症的人数在不断增长,而忧郁症患者中有 10% ~ 15% 面临自杀的危险。

员工忧郁症正在成为困扰大多数企业的一个突出问题,而这个问题是无国界的。

在美国,据统计显示,美国全年各大小企业因员工忧郁症造成的损失,高达 500 亿美元。其中,员工因忧郁症请假,而直接造成的公司生产力损失,高达 440 亿美元。这一数据是由美国精神卫生协会委托哈佛大学医学院完成的研究得出的。在日本,忧郁症患者人数占全国人口的 5% 左右,主要集中在企业里,企业员工中患有此症的约为 10%,而且患者大多是进入企业 10 年左右的年富力强者。这也表明了日本的忧郁症与工作压力不断增强密切相关。

2006 年,日本厚生劳动省就接到年龄在 30 ~ 39 岁的企业员工要求认定为"精神障碍导致工伤"的 283 例申请,占到所有这类申请的三分之一以上,比 2005 年增加了 15% 以上。以致日本产业界认为,日本进入了"忧郁症时代"。

在我国,有一个企业的员工忧郁症尤为引人注意,那就是华为。

华为被称为"中国最累的企业",它的每一寸疆土都是依靠不屈不挠的具有"狼性"的华为人攻打下来的。在这些攻无不克的华为人赢得高声欢呼的同时,他们也在承受着高于其他企业员工数倍的压力。如果不能得到及时而有效的疏导,这种巨大而无形的压力往往会导致员工郁郁寡欢,无心工作,甚至走上极端的道路。

2006年以来,有关华为员工自杀与自残,患忧郁症、焦虑症持续增多的传闻不断出现。引起了社会各界对一向充满神秘感的华为的高度关注。华为曾被称为"中国最累的企业",它所取得的骄人成绩都是依靠华为人百折不挠的奋斗精神得来的。在华为人享受荣誉和高薪回报的同时,他们也在承受着高于其他企业员工数倍的压力,这是外人所无法体会的。

2007年2月26日中午,华为成都研究所一名员工跳楼自杀身亡。2007年7月18日下午,年仅26岁的华为员工张锐,在深圳一小区的楼道内自缢身亡。在自杀前,他曾多次向亲人抱怨工作压力太大,并打算辞职。时隔不久,2007年8月11日,华为长春办事处一名赵姓员工跳楼自杀。事发前他与其主管在电话里发生争吵,而后扔下手机,纵身跳下7楼。

发生这样的事情,任正非本人也十分担心和不解。他在给华为党委成员的一封信中,这样写道:"华为不断有员工自杀与自残,而且员工中患忧郁症、焦虑症的不断增多,令人十分担心。有什么办法可以让员工积极、开放、正派地面对人生?我思考再三,不得其解。"

任正非意识到,企业不能只是给高效率的员工高薪就可以撒手不管其他的事情了，还必须创造条件，让员工从身心上解放自己。"我们要引导员工理解、欣赏和接受习惯高雅的生活习惯与文化活动，使他们从身心上自己解放自己。""人生苦短，不必自己折磨自己。不以物喜，不以己悲。同时也要牢记，唯有奋斗才会有益于社会。"

任正非发现有些员工手上钱多了，却不知怎么花钱。还有些员工自认为家底比其他人厚实，于是就变得奢侈、张狂。对此，他提出了严厉的批评："一部分员工，不知道自己的祖坟为什么埋得这么好，还是碰到了什么神仙，突然富有后，就不知所措了。有些人表现得奢侈、张狂，在小区及社会上表现出那种咄咄逼人的气势，不仅自己，连家人也趾高气扬。一部分人对社会充满了怀疑的眼光，紧紧地捂着自己的钱袋子，认为谁都在打他的主意，对谁都不信任……这些，都不是华为精神，这些人员不适合担任行政管理职位，不管高低都不合适。他们所领导的团队一定萎靡不振。"

任正非认为，忧郁问题事实上折射出了华为员工在财富面前的自我束缚。拥有财富是为了更好地享受生活和工作，而不是将自己与周围人割裂开来，更不是成为一个守财奴。员工不能成为金钱的奴隶。丰厚的薪酬是为了通过优裕、高雅的生活，激发人们更加努力去工作、有效奋斗而服务的，不是使人们精神自闭、自锁。

英国心理医生特罗茜·罗尔说："忧郁症是我们为自己构筑的心灵牢狱，而且正因为是我们自己构筑的，所以我们就有能力用自己的双手打开枷锁把自己解放出来。"

任正非认为，员工不必为自己的弱点而有太多的忧虑，而是要大大地发挥自己的优点，使自己充满自信，以此来解决自己的压抑问题。"我自己就有许多地方是弱项，常被家人取笑小学生水平，若我全力以赴去提升那些弱的方面，也许我就做不了 CEO 了，我是集中发挥自己的优势。"

任正非坦承自己也曾是一名严重的忧郁症患者。在医生的帮助下，加上自己的乐观，病完全治好了。任正非希望通过自己的亲身经历，鼓励华为人走出忧郁症的阴霾。同时他也建议公司管理层要充分重视员工的心理健康，并尽量创造条件来帮助他们。

任正非希望员工正视自身的问题，并要对自己充满信心："任何时候，任何处境都不要对生活失去信心。我相信每一个人都能走出焦虑症和忧郁症的困境的！"

第五章

敬业、牺牲与奋斗

|任正非|

HUAWEI'S WINTER

华 为 的 冬 天

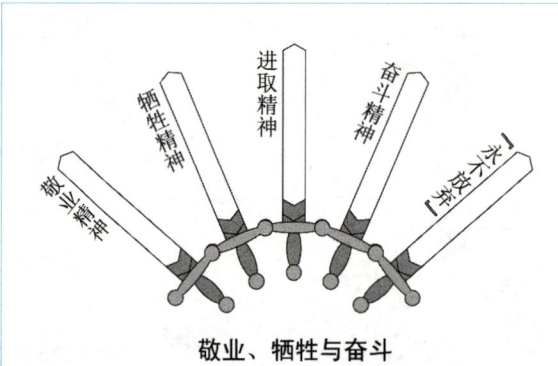

敬业、牺牲与奋斗

第五章 敬业、牺牲与奋斗

第一节 敬业精神

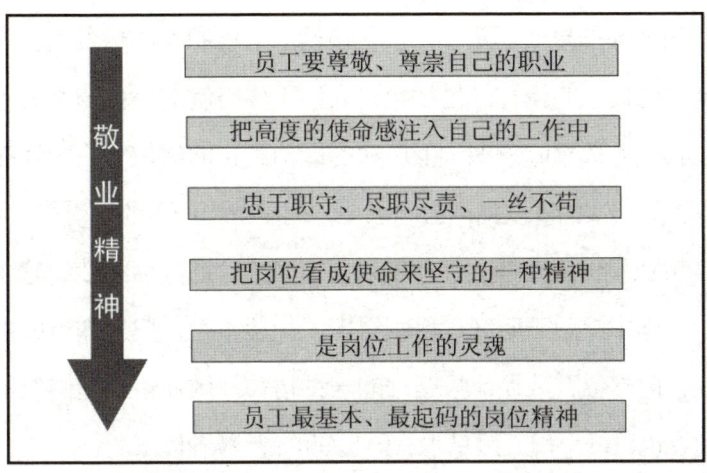

中华民族历来有"敬业乐群""忠于职守"的传统,敬业是中华民族的传统美德。早在春秋时期,孔子就主张人在一生中始终要勤奋、刻苦,为事业尽心尽力。他说过"执事敬""事思敬""修己以敬"等话。北宋程颐更进一步说:"所谓敬者,主之一谓敬;所谓一者,无适(心不外向)之谓一。"

宋朝朱熹说,"敬业"就是"专心致志以事其业",即用一种恭敬严肃的态度对待自己的工作,认真负责,一心一意,任劳任怨,精益求精。

畅销书《把信送给加西亚》中有这么一句话：无论执行什么样的任务，或实现什么样的目标，选择合适的人担当重任是最为关键的。书中的美国总统麦金莱选择了年轻的中尉安德鲁·罗文去把信送给加西亚将军，就是一个最好的例证。正因为安德鲁·罗文有着非同一般的敬业精神和非同一般的聪明智慧，才顺利地完成了这一光荣的使命。

敬业精神是人们基于对一件事情、一种职业的热爱而产生的一种全身心投入的精神，是社会对人们工作态度的一种道德要求。它的核心是无私奉献意识。低层次的即功利目的的敬业，由外在压力产生；高层次的即发自内心的敬业，把职业当作事业来对待。

敬业是员工要尊敬、尊崇自己的职业，把高度的使命感注入自己的工作中，忠于职守、尽职尽责、一丝不苟，把工作当成生命来热爱，把岗位看成使命来坚守的一种精神。敬业精神是岗位工作的灵魂，也是一个员工最基本、最起码的岗位精神。

一项针对 40 家全球性企业的调查发现，员工对工作的敬业度和公司业绩有着联系，该结果令人注目。此项调查对公司的业绩和员工工作的敬业度数据进行了回归分析，结果发现，员工敬业度最高的企业，总体营业收入及每股盈利按年分别上升了 19% 及 28%；而员工敬业度最低的企业，其总体营业收入及每股盈利按年分别下降 33% 及 11%。另一项历时 3 年的相关研究显示，员工敬业度最高的企业营运利润增加了 3.7%，而员工敬业度最低的企业则下降了 2%。

世界著名的调查公司盖洛普曾公布其 2011 — 2012 年对全球雇员对工作投入程度的调查，结果显示，全球员工的敬业比例仅为 13%，而中国远远低于世界水平，敬业员工只有6%，且20%的员工处于消极怠工状态。与其他国家还有一点不同的是，中国员工对工作的敬业程度，并没有随着教育水平升高而升高，呈现普遍"不敬业"状态。

根据盖洛普全球员工敬业度调研报告，中国不同工作类型和教育水平的人群中敬业度低的现象很普遍。大学毕业生中敬业员工仅占7%，与小学及以下学历人群的5%的敬业度水平相差不多。而被认为社会地位较高、有较多自主权的专业人士和经理人，敬业度也仅为8%。至于销售和服务人员，他们的工作需要直接面对消费者、吸引消费者，但敬业度也只有4%。

团队成员的敬业表现和职业素养决定了它真正的竞争力。任何一个想在竞争中立于不败之地的组织，必须有一批敬业的员工，并形成一种敬业的文化。如果成员普遍缺乏敬业精神，那么这个团队的竞争层次就难以达到更高的水平，无论它的战略制定得多么高明，也难以避免最后功败垂成。

一个团队需要成员的敬业精神，每个成员都兢兢业业，这个团队将是一个战无不胜的联合体。有敬业精神的团队成员才会成就有竞争力的团队。团队成员在敬业精神上的差距，决定了平庸团队与卓越团队之间的差距。团队成员强，则团队强；团队成员敬业，则团队必然会在竞争中取胜。

任正非在题为《华为的红旗到底能打多久》的演讲中谈道："强调员工的敬业精神，选拔和培养全心全意、高度投入工作的员工，实行正向激励推动。不忌讳公司所处的不利因素，激发员工拼命努力的热情。"

"知识、管理、奋斗精神是华为创造财富的重要资源。我们在评价干部时，常常用的一句话是：此人肯投入，工作卖力，有培养前途。只有全心全意投入工作的员工，才能被造就成优良的干部。我们常常把这些人放到最艰苦的地方、最困难的地方，甚至对公司最不利的地方，让他们快快成熟起来。"

2011年3月11日，日本东海岸发生9.0级地震，灾难持续数十日。突如其来的地震打乱了华为LTE TDD软银项目组的测试节奏。东京交通和电力在地震后的第一周处于非正常状态，客户在家办公，处于休假状态；地震中有个别基站发现传输故障，使得部分测试用例必须延后执行。华为LTE TDD软银项目组紧急联系客户的项目经理，客户说："没有收到高层因为地震而推迟提交报告的指示，但华为要推迟提交报告，完全可以理解。"

这时候，摆在华为LTE TDD软银项目组面前的选择有两种：一是与客户同步也放假一周，放慢测试速度推迟提交报告。二是递交报告计划不变，想方设法完成任务。这是一个重大的决定。地震后的第三天下午，测试组全体人员与一线系统部、行销部的主管召开了紧急会议，大家全体投票表决一致通过测试报告提交计划不变，实施昼夜两班倒，24小时全天测试。

在地震后那段时间，华为LTE TDD软银项目组成员穿行在灯火通明的东京站和黑漆漆的办公大楼，最终提前一周完成测试任务。地震后的一周，客户约见了相关厂家人员，结果只有华为到场，当华为的测试结果报告在规定的时间交到客户手中时，受到了客户的高度称赞。

2011年3月24日,华为董事长孙亚芳率队赶赴日本,看望在地震一线坚持作战、非常敬业的所有办事处人员,她在晚宴上鼓励敬业的华为日本团队说道:"目前的东京就像是飓风的风眼,周边虽然乱成了一锅粥,但我们这里依然很平静。"

日本著名企业家松下幸之助说过:"当我看见员工们同心协力地朝着目标奋进时,不禁感动万分。"他提出并倡导企业的各级领导者要为自己的员工端上一杯茶、送去一份生日礼物。他认为,只要领导者能把员工的冷暖疾苦放在心上,真正发自内心地去尊重他们、关怀他们,就可以激发员工的爱岗敬业精神。对员工心存感恩,员工就会把企业当成自己的家一样珍惜,就会最大限度地发挥出自己的创造力。

第二节 牺牲精神

有一只母骆驼带着几只小骆驼一路低着头,不时地停下来闻着干燥的沙子。按照常识,旅行者知道这是骆驼在找水喝。它们显然渴坏了,几只小骆驼无精打采地走着,在太阳的炙烤下,它们的眼睛血红血红的,看起来快要支撑不住了。旅行者还发现,小骆驼们紧紧地挨着骆驼妈妈,而母骆驼总是根据不同的方向驱赶孩子们走在它的阴影里。

终于，它们来到了一个半月池边，停住了。几只小骆驼兴奋异常，打着响鼻。可是，池水太浅了，站在高处的几只小骆驼不论怎么努力也无法把嘴凑到池水边上去。此刻，惊人的一幕发生了——骆驼妈妈围着它的孩子们转了几圈后，突然纵身跃入池中……水终于涨高了，刚好能让小骆驼们喝着。骆驼妈妈不惜舍身救子，保住了家族的绵延不绝，令人感动。

狼是世界上最具有团队精神的动物，关于这一点，前面已经进行了充分的论述和描写。自我牺牲精神就是狼群团队精神的一种充分表现，狼为了团队的利益，为了大多数狼的利益，会毫不犹豫地牺牲自己的利益，即使是献出生命也在所不惜。

一个团队如果有了这样一群有责任心、敢于舍弃个人利益的员工，那么这样的团队，终将是一个战斗力极强的团队。

克莱斯勒汽车公司的前总裁艾柯卡，在 20 世纪 80 年代中期的一项调查中，被人们称为"近年来成功领导企业的最佳典范"。艾柯卡是一个具有自我牺牲精神的人，在公司出现问题时，他经常主动承担责任。当然，这样做会为自己招来许多不必要的麻烦，但是他却一直坚持。这样，在他手下就形成了一个高度团结的工作队伍，他们不囿于既有的规范，敢于创新，敢于行动，因为他们有一个能主动承担责任的领导者。所以，艾柯卡取得了让许多人羡慕的成绩。

在一个团队当中，每个成员都要具有自我牺牲精神，这样的团队才能具有高涨的热情、良好的工作氛围。

团队的成功之路是辛劳的汗水铺成的，是团队成员牺牲精神凝成的。任何企业都喜欢那些勇于承担重任、甘于奉献牺牲的员工。

第五章 敬业、牺牲与奋斗

华为总裁任正非在干部后备队结业证书上的题词是这样的:"只有有牺牲精神的人,才有可能最终成长为将军;只有长期坚持自我批判的人,才会有广阔的胸怀。"

如今华为的员工更多的是"80后"的新青年,他们比起自己的前辈,更讲究个性张扬,更注重以自我为中心,自然与华为的这种"艰苦奋斗"精神多少有些格格不入。这也是华为人力资源管理在近几年遇到的比较棘手的问题。

但是,一切的争议和埋怨到了任正非这里,都无从立足。早在1998年,他就在《我们向美国人民学习什么》中强调了忘我献身精神对于华为的重要性。

"多年来我接触过相当多的美国科技人员,由于一种机制的推动,非常多的人都十分敬业,苦苦地追求着成功,这是一种普遍的现象,而非个例。比尔·盖茨初期没有电视机,而是由他父亲帮他看新闻而后告诉他,有些人不理解,因此也不会理解中国的许多科技工作者在那么低的收入中的忘我奋斗与牺牲精神,理解不了'两弹一星'是怎么做出来的,理解不了袁隆平为什么还那么农民。大庆铁人王启明不就是这么苦苦探索二三十年,研究分层注水、压裂,使大庆稳产高产成为世界奇迹的吗?"

任正非还举了很多这样的例子。例如:在举世闻名的美国IBM公司,具有忘我和牺牲精神的管理者为公司做出了不可估量的贡献。他们中间有一位被称为"棒子杰克"的,其真名为伯特伦,但因为出名的严厉,反而使人们淡忘了他的真名。在IBM,凡是很自负的员工(包括很多高手),都会被派到"棒子杰克"的部门去工作,由伯特伦来考验他们,这是过关的必经之路,由此也使许多人对他怀恨在心。伯特伦每天只睡三四个小时,有时会半夜3点起床到他管辖的某个工厂去逛逛,看看有什么问题。任何人的汇报都欺瞒不了他。他的工作方法曾经妨碍过他的晋升,但最终他获得了人们由衷的尊敬。

伯特伦在56岁时,卧病在床。他清楚自己来日不多了,但是他仍然继续工作。当伯特伦的上司屈勒去医院看望他时,他正靠人工器官呼吸维持生命,但令人吃惊的是,伯特伦临死也不忘IBM的改革,他在这时还向上司推荐主持工作站工作的人选。

再例如,伯兰是IBM企业联盟构想的提出者,"企业联盟"后来成长为几百人的部门。企业联盟就是IBM在向客户销售硬件之前,先派一批程序员去与客户沟通,了解客户的需求,然后再按客户的要求在30~90天内做出一些客户需要的软件。这给客户留下了很深刻的印象,也使得客户在购买机器时,首先想到的肯定是IBM。

伯兰在50岁时因为患脑癌而住进医院,虽然经过手术,但由于癌细胞已扩散,医生也没能挽救他的生命。伯兰躺在病床上,他在病房安装了一台电脑,每天花好几个小时追踪他的计划进度,发出几十封到几百封电子邮件。临死前,他还说了一句"我动弹不得,就像IBM一样"。彼时,IBM正由于机构臃肿重叠,冗员繁多而导致了它市场反应缓慢,渐露败相。直到后来郭士纳到来,完成了对IBM的大手术,使它重获新生。

任正非无疑是带着无比崇敬的心情,来描述这些拥有忘我奋斗与牺牲精神的人们。他说道:"如果以狭隘的金钱观来认识资本主义世界的一些奋斗者，就理解不了比尔·盖茨每天还工作十四五个小时的不间歇的努力。不带有成见去认识竞争对手，认真向他们学习好的东西，才有希望追赶上他们。"

任正非曾对员工说："为了这公司，你看我这身体，什么糖尿病、高血压、颈椎病都有了，你们身体这么好，还不好好干？"

在《我的父亲母亲》和《华为的冬天》中，任正非也非常清晰地说明了华为"对普通员工不做献身精神要求"、"只对高级干部严格要求"，与柳传志"基层员工要有责任心，中层员工要有上进心，高层员工要有事业心"异曲同工。

2011年对于科特来说是多灾多难的一年，国家动乱、欧盟禁运、银行停业、战火纷飞，到处满目疮痍，客户投资萎缩。

华为团队冒着生命危险坚持留守在科特，与客户同在，与网络同在。华为团队在炮火声中赶去客户机房修复网络恢复通信；在缺水少粮中编写《科特华为人》彼此精神鼓励；在一片危急中帮助客户高层撤离战区……

华为团队用实际行动诠释了华为品牌，用真诚奉献打动了全体客户，随之而来的是法电科特子网无线/核心网突破，MTN科特子网全网代维&2G搬迁等项目的尘埃落定。

2008年8月8日，这个世纪难逢的吉祥日子，对中国来说，更有着特别的意义，多少年的奥运梦终于实现了。然而就在礼炮响过时，格鲁吉亚和俄罗斯为了争夺南奥塞梯的控制权而爆发了战争。那时候，华为格鲁吉亚代表处汇聚着投标项目组近40人，忙得热火朝天。

战争伊始，情况很不明朗。由于格鲁吉亚代表处的大多数华为人都是第一次经历战争，紧张程度可想而知。当时，网络中断了，只有当地政府的电视台传递着有限的信息，人们对局势的判断不再坚定。当推断和谣言肆意泛滥的时候，人的意志很容易被摧垮。

战争越来越激烈，很多驻外机构纷纷转移，代表处的员工开始把家人送到深山，往日热闹的首都，变得十分冷清，在市场和超市都难以见到几个人。

在形势有恶化趋势的情况下，必须把大部分团队成员立刻疏散出去，避免发生意外情况，但需要留下几个成员在这里维持工作。

战争持续了8天，华为格鲁吉亚代表处的服务没有中断，与运营商一起预警可能出现的网络事故，并及时为客户完成终端清关。对此，客户称华为人是真正靠得住的伙伴，是他们真正的朋友。有个运营商股东层和管理层都来自哈萨克，格鲁吉亚代表处为客户及其家属提前设计了转移方案，包括车辆、途经国住宿、陆空换行路线等都做了周密安排，客户非常感动。

也许是经过战争洗礼的团队更加坚强，战争过后连续两年，华为格鲁吉亚代表处销售额连续翻番。

2011年4月，科特迪瓦内战爆发，华为科特迪瓦代表处宿舍区域也爆发大规模枪战，客厅的玻璃都被流弹击中了。

在这样的情况下，华为开始梳理撤离人员。然而，许多技服员工却纷纷请战，主动要求留下来。有的华为员工在邮件中写道："我很熟悉各销售项目和交付项目的进展，在本地员工中有号召力，可以和留守的中方和所有本地员工保障客户网络的稳定。"

第三节 进取精神

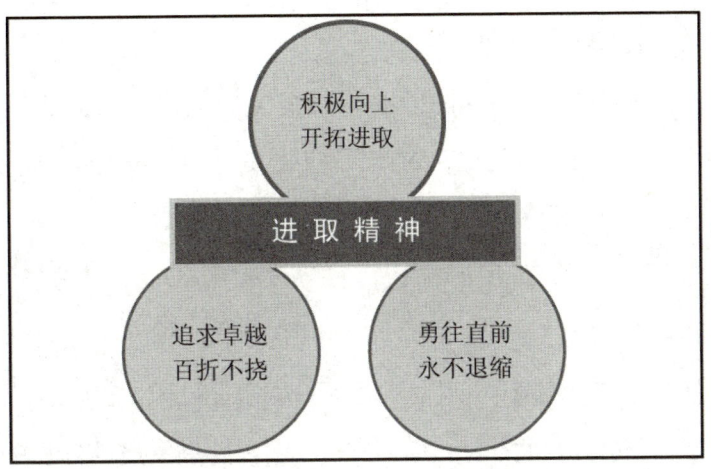

很久以前，一位富翁要出门远行，临行前他把仆人们叫到一起并把财产委托给他们保管。依据他们每个人的能力，他给了第一个仆人10两银子，第二个仆人5两银子，第三个仆人2两银子。第一个仆人用10两银子经商并且赚到了10两银子。同样，第二个仆人用那5两银子也赚了5两银子。但是拿到2两银子的第三个仆人却把它埋在了土里。

很长一段时间之后，主人远行回来与他们结算，拿到10两银子的仆人带着另外10两银子来了。主人说："做得好！你是一个对很多事情充满自信的人。我会让你掌管更多的事情。现在就去享受你的奖赏。"同样，拿到5两银子的仆人带着他另外的5两银子来了。主人说："做得好！你是一个对一些事情充满自信的人。我会让你掌管很多事情。现在就去享受你的奖赏吧！"最后，拿到2两银子的仆人来了，他原以为自己会得到主人的赞赏，因为他没弄丢主人给的那2两银子。在他看来，虽然没有使金钱增值，但也没丢失，就算是完成主人交代的任务了。

然而他的主人却非常生气，反倒将他的2两银子也收回来了，并把他赶了出去。因为他认为安于现状的这个仆人实在可气，没有半点进取精神。[1]

进取精神是一种积极向上、开拓进取的精神，一种勇往直前、永不退缩的精神，一种追求卓越、百折不挠的精神。

任正非曾在文章中指出华为公司在管理团队时，首要的是进取精神与敬业精神。他认为：合格的管理者需要具备强烈的进取精神与敬业精神，没有干劲的人是没有资格进入领导层的。这里不仅仅是指个人的进取精神，而且是自己所领导群体的进取与敬业精神。

事实上，华为早期的海外拓展，基本都是从一穷二白起步。怀着理想，手提长矛就出发了，凭着无畏的进取精神，一直拼搏到今天。

华为在进入欧洲市场时，高层专程赴欧洲拜访沃达丰集团的时候就当场表示："华为的无线产品经得起任何考验！"一个从东方神

---

[1] 崔生祥. 员工岗位精神 [M]. 北京：中国言实出版社，2010.

第五章 敬业、牺牲与奋斗

秘国度走出来的公司,这样的承诺让客户吃惊:"不会是吹牛吧?"沃达丰集团CTO将信将疑:"那就把华为的产品放到最严格的德国来进行测试。"

为了这个测试,华为进行了几个月的准备,但德国子网因为各种各样的原因坚决抵制华为在德国测试,数月努力,换来的还是"不可能",华为团队心里充满了强烈的挫折感。尽管经过辗转努力,华为在西班牙争取到测试的机会,但当地客户还是说:"你们在这里做测试可以,但不可能有真正进入沃达丰西班牙子网的机会。"

然而,华为团队却像抓住救命稻草一样,奋力拼搏,像做商业网那样做实验局,客户的每一个要求,华为的团队都积极响应。当客户希望看到一个西班牙高铁的覆盖解决方案,仅仅是方案而已,华为人在三个月内就在上海的磁悬浮沿线搭建覆盖,请客户到上海现场体验。

从2005年盛夏到第二年的春天,当华为把实验局做完时,在后续的招标中,客户出人意料地选择华为进入沃达丰西班牙子网,这是沃达丰最大的四个子网之一,也是其全球子网中增长速度最快的一个国家。

这是一次来之不易的机会。客户说:"是你们9个月来的表现打动了我们,你们做事的严谨、规范、响应速度,以及团队成员,我们都非常认可。"而此时的华为团队,已是泪眼婆娑——这是一个里程碑式的事件,它标志着华为真正进大国、进大网的市场。

西班牙项目的成功,让沃达丰这家世界级的运营商认识了华为。从那以后,华为逐步获得了沃达丰客户群的多个项目,并连续获得沃达丰颁发的杰出供应商奖。

然而,华为始终无法叩开德国子网的大门。2005年被德国子网拒绝测试后,2008年,德国子网再次发出3G招标。几轮惨烈的竞争下来,华为挤进了最后三家采购商名单。华为人对这次招标充满了渴望,但最后的结局,客户还是对华为说"NO",而是选择了另外两家公司帮助其建设3G网络。

之后,华为团队去拜访德国子网CTO,诚恳地说:"中国人有一项非常优秀的品质,那就是我们有足够的耐力和毅力,无论项目得失。"

2010年初,金融危机乍寒还暖,德国率先启动LTE建设,希望通过国家宽带拉动经济增长,沃达丰德国承担起了这一历史使命。华为敏锐地捕捉到机会,凭借对客户网络的深刻理解,开创性地向客户提出2G/3G/LTE三网合一的解决方案。2010年7月,客户终于牵手华为。

第四节 奋斗精神

历史和现实都表明,一个没有艰苦奋斗精神作支撑的民族,是难以自立自强的;一个没有艰苦奋斗精神作支撑的国家,是难以发展进步的。艰苦奋斗精神不仅是中华民族精神的精华,而且还是现代企业核心竞争力的重要组成部分。

2006年,任正非向华为团队推荐了一篇报道——《不眠的硅谷》,为的是让华为团队真正体会到什么是美国人的奋斗精神。

《不眠的硅谷》写道:"这些编程人员、软件开发人员、企业家及项目经理坚守'睡着了,你就会失败'的信条,凭着远大的理想,借助大杯大杯的咖啡,他们会坐在荧荧发光的显示屏前一直工作到凌晨四五点,有时甚至到6点,而不是舒舒服服地躺在床上。这就是参与超越时区的国际市场的代价:每天都有新的起点,不断狂热地开发着'互联网'技术……""工作到深夜几乎是今日硅谷中大约20万高科技大军统一的生活方式,那些按照传统日程工作的人们每天有两个交替的时段,而在高科技工业园的停车场里,可能在凌晨3点还依然拥挤不堪。而许多把黑夜当作白天的人们会在夜里把家中的计算机联到办公室的网络上……"[1]

知道艰苦,才懂得要奋斗。耐得艰苦,才能够奋力拼搏。只有时刻信守艰苦奋斗,才能够取得事业的成功。"艰难困苦,玉汝于成",艰苦奋斗是一种信念,也是一种精神。

任正非说,古时候有个寓言,兔子和乌龟赛跑,兔子因为有先天优势,跑得快,不时在中间喝个下午茶,在草地上小憩一会儿!结果让乌龟超过去了。华为就是一只大乌龟,25年来,爬呀爬,全然没看见路两旁的鲜花,而是在持续艰苦奋斗。乌龟精神被寓言赋予了持续努力的精神,华为的这种乌龟精神不能变,任正非也借用

---

[1] 田涛,吴春波. 下一个倒下的会不会是华为[M]. 北京:中信出版社,2012.

这种精神来说明华为人奋斗的理性。

华为的蒙古客户，有4个移动运营商，6个固网运营商，加上企业网大大小小的项目，每年年初，标书一个接一个，需要准备的材料五花八门，基本上每个华为项目团队成员都会有两三个项目在同时投标。华为项目团队基本是每天白天拜访客户，晚上回来看标书答标。

年初是蒙古最冷的时节，夜里最低气温零下45摄氏度。为了答标，华为项目团队每天都要工作到凌晨三四点，寒冷的天气和持续高强度的工作拖病了大部分成员，但大家仍然带病工作。为了和U运营商共同完成整网规划设计和配置报价，华为项目团队连续一周每天晚上都在客户的办公室度过。最后一天，客户CTO睁着熬得通红的眼睛对华为项目团队说："华为的人，我服了。感谢你们。"

在刚果金，对于分包商由于安全原因拒绝前往施工的地区，依靠华为GTS员工的力量建立起了第一座铁塔。

在巴西，百年不遇的特大洪水冲毁了所有的道路和公共设施，华为人克服种种困难，在雨中坚持施工。

在北美，华为客户服务工程师团队为了处理问题和支持客户升级，通宵达旦地值守于机房，第一时间为客户提供服务。

在也门，华为GTS英雄儿女冒着硝烟，坐着当地警察护送的车辆奔波在去往局点的路上。

任正非说道："那些'胜则举杯相庆，败则拼死相救'的人，虽然记功碑写不上他什么，写得出成绩的是将军，写不出成绩的可能是未来的统帅，统帅是组织好千军万马的。谁搞得清统帅内心的世界怎么成长的，无私就是博大。"

第五章 敬业、牺牲与奋斗

第五节 "永不放弃"

有一位女游泳选手,立志要成为世界上第一位横渡英吉利海峡的人。为了完成这一目标,她潜心苦练了很长时间。这一天终于来临了。女选手满怀信心地跃入大海,奋力地朝对岸游去。但是快要接近对岸时,海上起了浓雾,她在茫茫大海中,完全失去了方向感,不知道到底还要游多远才能上岸。她越游越心虚,越来越没有信心,最后终于宣布放弃了。

当救生艇将她救起时,她才发现只要再游100多米就到岸了。她遗憾地说:"要是我知道距离目标这么近,无论如何,我也会坚持到底的。"

"二战"时期,英国在气势汹汹的德国纳粹军攻击之下危如累卵。在没日没夜的轰炸声中,丘吉尔却在广播之中对全国人民咆哮道:"Never never never give up!"

在剑桥大学的一次毕业典礼上,整个会堂有上万名学生,他们正在等候丘吉尔的出现。在隆重但稍嫌冗长的介绍之后,丘吉尔在他的随从陪同下走进了会场并慢慢地走向讲台,他脱下他的大衣交给随从,然后又摘下了帽子,默默地注视所有的听众,过了一分钟后,丘吉尔说了一句话:"Never give up!"(永不放弃)丘吉尔说完后穿上了大衣，戴上了帽子离开了会场。这时整个会场鸦雀无声，一分钟后，掌声雷动。

2010年初，叙利亚最大的移动运营商叙利亚电信进行网络改造，这是华为的战略机遇。如能成功，华为将在未来数年的耕耘中取得良好的市场格局；但若竞争失败，又必须再等待几年才有机会。

一时间，华为叙利亚代表处各部门都被调动起来了；而客户的门槛前，也是各路人马涌动，空气中弥漫着"硝烟"的味道，激烈的竞争气氛让人觉得透不过气来。那段时间，叙利亚代表处团队负责人每天晚上做梦都是在拼项目。在代表处异常艰苦的努力下，客户渐渐和华为形成了良好的互动关系。

然而，市场竞争瞬息万变，友商采取了让人始料未及的一步到位的商务条件和交付承诺，以迅雷之势和客户达成一致并封单，赢得绝对份额，而华为却只获得少得可怜的合同。

希望与梦想，在冷冰冰的现实面前破裂。

这一切来得太快太突然，代表处所有人几乎不相信这是真的。面对这样的情况，华为叙利亚代表处团队负责人的心情陷入了谷底："难道就这样完了？"

此时的代表处，被失败的气氛所笼罩，团队士气低落。叙利亚代表处团队负责人明白，再艰难也必须得带领自己的团队重新振作起来；再艰难也要擦干眼泪，"以客户的感知作为业务改进的方向和动力"，从哪里跌倒从哪里爬起来，永不言败！

面对该运营商严峻的市场形势，叙利亚代表处团队负责人组织代表处成员果断决策，积极进行组织调整，强化面向该客户的"铁三角"运作,重组与客户组织匹配的交付团队,结合公司组织的"网上问题清零行动",把累积的问题、客户不满逐条分析,逐条改进,真正"清零"。

叙利亚代表处团队负责人要求系统部所有人员微笑上岗,"大单丢了,小单我们还要做,做好",绝不可流露任何"破罐子破摔"的悲观情绪,"虽然暂时败了,但并未倒下"!系统部服务主管也开始强化对高层客户定期汇报,协调地区部交付主管频繁到访……

一系列的动作,一系列实际交付案例的成功,客户的感知开始渐渐地好起来……

正当叙利亚代表处团队负责人在地区部参加述职会议之际,叙利亚移动系统部主任打来电话:因友商的过度承诺,交付出现问题,客户希望华为能借 80 套基站救急!

叙利亚代表处团队负责人敏锐地意识到,这是稍纵即逝的机会,并马上购买当天的航班辗转三个国家返回代表处。

"借与不借,这是个问题?"在系统部需求分析会议上,多数人认为应急客户所急,尽快将基站借给客户,赢得客户信赖的同时并以此作为切入点,一步步争取翻盘的机会。

面临决策,会议上的所有人都把目光投向团队负责人,叙利亚代表处团队负责人说道:"接到系统部的电话后,我反复想了很多,也向地区部领导做了汇报,我们认为,咱们不借这 80 套基站,要借就借 2000 套!请大家 2 天内制作出一份整体搬迁解决方案及交付计划,我们要实现从 0 到 100% 的扭转!"

在机关、地区部集中支持下,2 天后,一份来自华为的 Offer 已经摆在了客户的办公桌上,精准的 Offer 条条切中了客户的需求。经过仔细评估,客户重新选择了华为!华为一举成为该运营商最重要的战略合作伙伴。

第六章

变革,变革,再变革

|任正非|

HUAWEI'S WINTER

华 为 的 冬 天

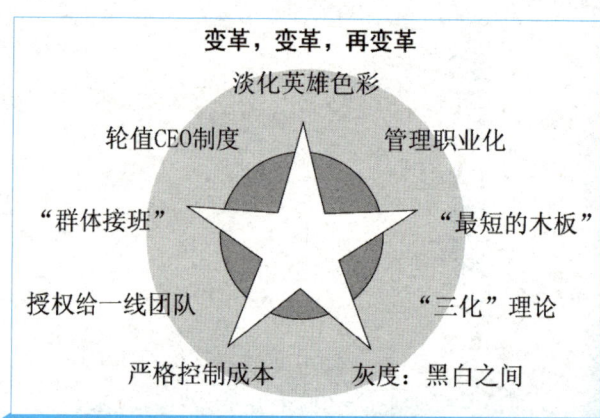

第六章 变革，变革，再变革

第一节 淡化英雄色彩

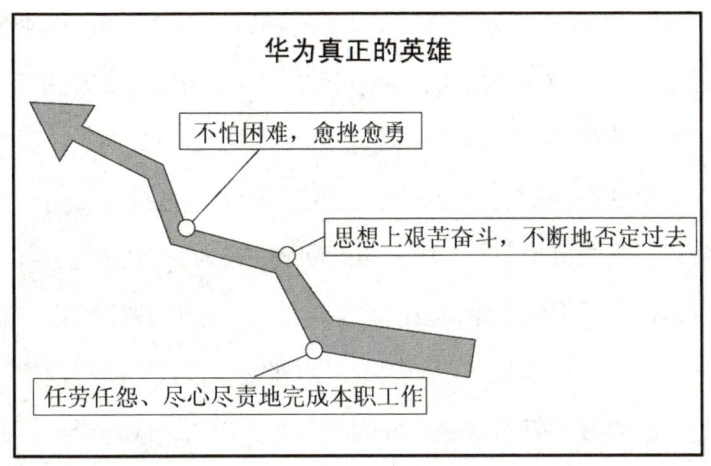

英雄是民族精神和气节的凝聚和体现，一个民族需要英雄，同样对于一个企业来说，也应有自己的英雄。企业英雄是企业行为和群体行为规范化和合理化的优秀代表，是企业精神实践的集中反映，是企业组织力量的缩影；企业英雄更是一面旗帜，指引人们开拓前进，尤其是在企业处于转型发展期或困难期时，更需要有英雄挺身而出，带领人们奋发复兴。

1997 年，任正非在市场前线汇报会上作的题为《什么是企业里的英雄》的讲话中说道："什么是英雄？人们常常把文艺作品、影视作品中的人物作参照物。因此，在生活中没有找到英雄。自己也没有找到榜样。英雄很普通，强渡大渡河的英雄到达陕北后还在喂马，因此，新中国成立初期，曾有团级马夫的称谓。毛泽东在诗词中说过'遍地英雄下夕烟'，他们是农民革命军，那些手上还有牛粪、风起云涌投入革命的农民。"

在这篇讲话中，任正非明确地提出他对"华为的英雄"的理解："什么是华为的英雄，是谁推动了华为的前进。不是一两个企业家创造了历史，而是 70% 以上的优秀员工，互动着推动了华为的前进，他们就是真正的英雄。如果我们用完美的观点去寻找英雄，是唯心主义。英雄就在我们的身边，天天和我们相处，他身上就有一点值得您学习。我们每一个人的身上都有英雄的行为。当我们任劳任怨、尽心尽责地完成本职工作，我们就是英雄。当我们思想上艰苦奋斗，不断地否定过去；当我们不怕困难，愈挫愈勇，我们就是自己心中真正的英雄。我们要将这些良好的品德坚持下去，改正错误，摒弃旧习，做一个无名英雄。"

这样的讲话，即便经过十多年的回响，至今读起来仍让人充满激情。

在多次动员会上，在任正非讲话中"英雄""豪杰"等词频繁出现。这个时期，华为各阶层员工团结成一支狼虎之师，所到之处，所向披靡。如果说任正非把华为当成一支部队、一支英雄之师进行攻城略地，也是不为过的。

可以看出，任正非的"英雄主义"并不是个人"英雄主义"，他强调的是集体英雄。

第六章 变革，变革，再变革

任正非希望华为内部要多出英雄，多出集体英雄。同时，他强调，华为不能做昙花一现的英雄，不做所谓的"聪明人"。

1998年，任正非在《不做昙花一现的英雄》的讲话中指出："由于十年卧薪尝胆、艰苦奋斗的成功，面对国内外可能将越来越多的善意的宣传，我们是否会沾沾自喜？在我们队伍中是否会滋生一些不良的浅薄的习气？华为人的自豪是否会挂在脸上？凭什么自豪？华为人能否持续自豪？我们前进的道路是越来越宽广，还是越来越困难？木秀于林，风必摧之。我们越发展，竞争对手实力越强，竞争就越困难。我们要有长期在思想上艰苦奋斗的准备。持续不断地与困难奋斗之后，会是一场迅猛的发展，这种迅猛的发展，会不会使我们的管理断裂？会不会使意满志得的华为人手忙脚乱，不能冷静系统地处理重大问题，从而导致公司的灭亡？事实上摆在我们面前的任务和使命，比以前我们重技术、重销售的时代更加重大而艰难，要全面地建设和管理我们的事业的艰难度要远远大于以前的艰难度，这就要求我们干部要更快地成熟起来。"

任正非希望在胜利面前能保持清醒的认识，不要做昙花一现的英雄。"华为公司确实取得了一些成就，但当我们想躲在这个成就上睡一觉时，英雄之花就凋谢了，凋谢的花能否再开，那是很成问题的。在信息产业中，一旦落后，那就很难追上了。"

然而，从1998年做了《不做昙花一现的英雄》和《狭路相逢勇者胜》讲话之后，任正非的文章和讲话很少出现"英雄"字样。之前热衷于英雄主义的任正非开始思考个人和企业的关系。任正非本人一直不愿抛头露面于公众之前，他考虑的是如何将华为做成一个基业常青的企业，而不是个人的荣辱得失。这也必然决定了他绝不允许由于企业内某个人的行为而对企业造成巨大的伤害，不允许华为成为任何人的牺牲品。

必须注意的是，任正非的忧虑并不是这个公司最后变成了别人的，从而让自己丢失了财富，也不是为了把华为的控制权全部抓在自己手中——否则他也不会强调"摆脱对个人的依赖"，大力推行制度变革。任正非真正担心的是这个企业是不是能够基业常青。他希望华为不要成为了某个人的牺牲品，而这个人，包括郑宝用，包括李一男，也包括他自己。

这也是为什么在"郑李之争"上，任正非一直表现出一种游离不定的不干涉态度，以至于最后李一男最终出走创立港湾，成为华为和任正非心头的一处隐痛。

"郑李之争"，任正非虽然看在眼里，但也苦于无解决的良策。2002年之后，华为通过成立公司投资管理委员会的方式，形成了比较规范的研发投资集中决策的机制，但是毕竟经历了一个很长的适应阶段。而且，继李一男之后，再也没有"李二男、李三男"在华为的土壤中成长起来。

2002年2月的某天，郑宝用在工作中突然昏倒而被检查出了患有恶性脑瘤，当时被诊断生还希望非常渺茫。但是，在任正非的坚持下，2002年下半年郑宝用被送往美国治疗。仅仅过了一年，奇迹竟然发生了，郑宝用的脑肿瘤完全消失。虽然没有人可以肯定将来不再复发，但至少他又可以开始过上正常人的生活了。

不过，经历了一场如此空前的浩劫之后，郑宝用已经无法再像

第六章 变革，变革，再变革

以前那样全力投入工作了。而当时恰恰也是华为开始筹备私募和境外上市的关键时期，任正非左膀右臂尽失，其心情可想而知，而且对华为的影响也不言而喻。

可以想象，任正非对于这些代价一定感到非常痛苦。但是，这种痛苦反过来进一步加剧了他对于"不依赖于人的制度"的追求。早在1997年，任正非就对当时华为负责招聘和培训的负责人说："我们要培养出100个李一男，100个郑宝用。"到了1998年，他又明确提出："我们一定要摆脱对人才的依赖、对技术的依赖、对资本的依赖。"

2000年，任正非论述了"无为而治"的基本理念：管理者的作用不再是依靠个人的英雄行为，而是推动和完善组织的运作能力。

2000年之后，任正非就明确提出，华为必须从一个"英雄"创造历史的小公司，逐渐演变为一个职业化管理的具有一定规模的公司。淡化英雄色彩，特别是淡化领导人的色彩，那就是实现职业化的必然之路。华为要建立的新型动力机制，就是流程化的管理和职业化的管理团队。

"实现无为而治，不仅是管理者实现'从心所欲不逾矩'的长期修炼，更重要的是我们的价值评价体系的正确导向，如果我们的价值评价体系的导向是不正确的，就会引发行为英雄化。行为英雄化不仅仅是破坏了公司的流程，严重的还会导致公司最终分裂。在这个问题上我认为高级干部的价值评价体系导向比个人修炼更重要。个人修炼当然也重要，但小草再怎么浇水也长不成大树，如果价值评价体系不正确的话，那我们的导向体系就错了，我们公司就永远发展不起来。"

此后，任正非开始有意识地从台前走向了幕后。许多 2000 年后加入华为的员工，和老板同乘一部电梯竟也不知道眼前的这位长者是谁。跨部门的变革领导小组取代了总裁的个人指挥；誓师大会也变成了系统性的宣传与培训；业务流程的重大变革以及组织机构的多次调整，都是在和风细雨中逐步进行。

　　随着任正非年龄的增长，也随着华为站在世界级的最后几级台阶上，华为更加需要具有高度领导能力的人才来继续让华为成为世界级企业的事业。对于任正非这位视华为为自己生命的企业家来说，这道心理上的难关也许是对他的最后一道考验。

第二节　管理职业化

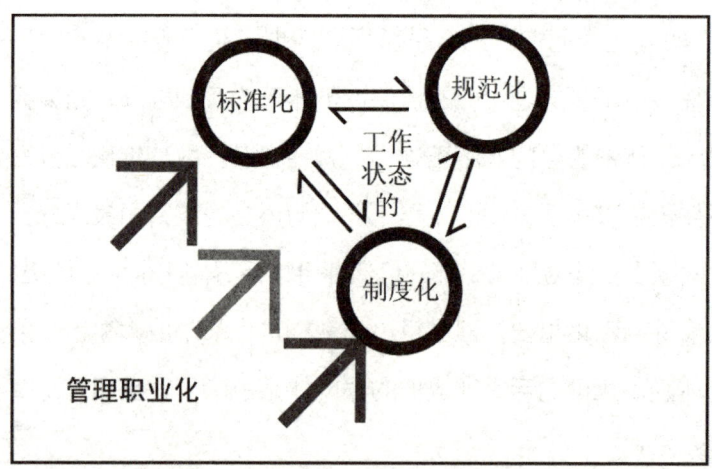

所谓职业化，就是一种工作状态的标准化、规范化和制度化，即要求人们把社会或组织赋予的岗位职责专业化地完成到最佳，准确扮演好自己的工作角色。

华为在创立10年后，迎来了业务发展迅速、公司规模飞速扩张的黄金时期。但是，和中国许多民营企业一样，华为也遇到了人员管理上的棘手问题。

华为业务人员和研发人员的业务能力都不错，但是管理能力明显缺乏，每年的干部提拔没有标准，公司领导层对很多拟提拔的干部根本就没有听说过，很难以自己的感觉和经验来做任命决策。所以，华为迫切需要建立任职资格体系，来解决人才需求问题。

任正非对于职业化的思考正是源于这样一个棘手问题。1997年任正非访问美国时发现，美国与华为差不多规模的公司产值都在50亿~60亿美元以上，是华为的3~5倍。任正非认为，华为发展不快有内部原因，也有外部原因。内部原因是不会管理，而外部原因是社会上难以招到既有良好素质，又有国际大型高科技企业管理经验的空降部队。所以早在1997年，华为就开始与国际著名管理顾问公司合作，改革人力资源管理，准备用几年的时间建立起以职位体系为基础，以绩效体系与薪酬体系为核心的现代人力资源管理制度，希望建立一个可以推动华为更快速发展的员工群体。

事实上，早在1997年华为全面启动引进世界级管理变革之前，华为的管理思维就已经开始萌芽生长。1996—1998年间，华为引入人民大学6位教授，耗时3年8稿出台了第一部企业管理大纲《华为基本法》，对华为文化与价值观以及未来战略做出第一次系统的思考；

建立初级的价值评估与分配体系（薪酬制度）；并从日本引入"合理化建议制度"等等。此3年可以视为华为管理变革的前奏，而1997年至今，华为开始全面引进国际管理体系，包括"职位与薪酬体系"以及任职资格管理体系，从IBM引进的集成产品开发（IPD）等。

对于任正非来说，1998年是他个人管理风格转型的一个重要分水岭。在这一年，受世人瞩目的《华为基本法》刚刚出台，但在任正非看来《华为基本法》是一次对华为过去成功经验的总结。事实上，任正非这时已经瞄上了著名的国际商用机器公司（IBM）的流程化管理经验，多次出国访问也促使他关于"建立华为职业化管理体系"的想法逐渐成形。在自觉不自觉中，任正非将自己的角色从一个管理者向"领导者"过渡。

任正非强调，企业家在这个企业没有太大作用的时候，就是这个企业最有生命力的时候。所以当企业家还具有很高威望，大家都很崇敬他的时候，就是企业最没有希望、最危险的时候。所以我们认为华为的宏观商业模式，就是产品发展的路标是客户需求，企业管理的目标是流程化组织建设。

2000年，任正非在《无为而治》中写道："华为曾经是一个'英雄'创造历史的小公司，正逐渐演变为一个职业化管理的具有一定规模的公司。淡化英雄色彩，特别是淡化领导人、创业者的色彩，是实现职业化的必然之路。只有职业化、流程化才能提高一个大公司的运作效率，降低管理内耗。第二次创业的一大特点就是职业化管理，职业化管理就使英雄难以在高层生成。公司将在两三年后，初步实现IT管理，端对端的流程化管理，每个职业管理者都在一段流程上规范化地运作。就如一列火车从广州开到北京，有数百人扳了道岔，有数十个司机接力。不能说最后一个驾车到了北京的就是英雄。即使需要一个人去接受鲜花，他也仅是一个代表，并不是真正的英雄。"

任正非认为，华为需要组织创新，组织创新的最大特点在于不是一个个人英雄行为，而是要经过组织试验、评议、审查之后的规范化创新。"任何一个希望自己在流程中贡献最大、青史留名的人，他一定就会形成黄河的壶口瀑布，长江的三峡，成为流程的阻力。"

任正非将"职业化管理"定义为华为实现"无为而治"之前必经的管理阶段，是希望华为能真正摆脱"英雄主义"的禁锢，实现真正意义上的职业化。

今天，任正非仍然是华为的最高领导者，但是，更多的时候他是以一种精神的方式而存在，于是常常出现这样的情况：到华为拜访的人常常问接待的高层："任总在公司吗？"他们得到的回答往往是："任总不在，但公司一样运转得很好。"

第三节 "最短的木板"

在管理学中，有一个"木桶理论"，讲的是一个木桶能盛下多少水，不是由组成木桶壁最长的一块木板决定的，而是由最短的一块木板来决定的。

一个企业好比一个大木桶，企业中的每一个员工都是组成这个大木桶的不可或缺的一块木板。同样的道理，企业的成功往往不只取决于某几个人的超群和突出，更取决于它的整体状况，取决于它是否存在某些突出的薄弱环节。"木桶理论"表明，对企业而言，"最短的木板"就意味着企业的劣势，因此，劣势决定优势，劣势决定生死。

若仅仅作为一个形象化的比喻，"水桶定律"可谓极为巧妙和别致。但随着它被应用得越来越频繁，应用场合及范围也越来越广泛，已基本由一个单纯的比喻上升到了理论的高度。这由许多块木板组成的"水桶"不仅可象征一个企业、一个部门、一个班组，也可象征某一个员工，而"水桶"的最大容量则象征着整体的实力和竞争力。

对一个企业来说，最短的那块"板"其实也就是漏洞的同义词，必须立即想办法补上。如果把企业的管理水平比作一只木桶，而把企业的生产率或者经营业绩比作桶里装的水，那影响这家企业的生产率或绩效水平高低的决定性因素就是最短的那块板。企业的板就是各种资源，如研发、生产、市场、行销、管理、品质等等。为了做到木桶"容量"的最大化，就要合理配置企业内部各种资源，及时补上最短的那块"木板"。

创立初期，华为的组织结构以反应迅速、运作高效而著称，但是如果它不能根据市场需求以及企业发展态势不断调整，就会成为影响企业整体发展的短板。任正非认为，华为组织结构的不均衡，是低效率的运作结构。就像一个桶装水多少取决于最短的一块木板一样，不均衡的地方就是流程的瓶颈。"例如：我公司初创时期处于饥寒交迫、等米下锅的境地。初期十分重视研发、营销以快速适应市场的做法是正确的。活不下去，哪来的科学管理。但是，随着创业初期的过去，这种偏向并没有向科学合理转变，因为晋升到高层的干部多来自研发、营销的干部，他们在处理问题、价值评价时，有不自觉的习惯倾向，以使强的部门更强，弱的部门更弱，形成瓶颈。有时一些高层干部指责计划与预算不准确，成本核算与控制没有进入项目，会计账目的分产品、分层次、分区域、分项目的核算做得不好，现金流还达不到先进水平……但如果我们的价值评价体系不能使公司的组织均衡的话，这些部门缺乏优秀干部，就更不能实现同步的进步。它不进步，你自己进步，整个报表会好？天知道。这种偏废不改变，华为的进步就是空话。"

华为在迅速地成长，管理的"短木板"日益凸现，这已严重影响到华为的可持续发展。为了克服这一弊端，任正非大刀阔斧地进行改革，积极借鉴先进的管理经验改造华为。任正非正在艰难地寻找解决问题的方法，他要为华为找出一条通往顶峰的路。

在多次出访日本，并见识到了日本企业的精细化管理后，任正非对照华为管理中存在的粗放、低效、发展不均衡等问题，他将"均衡发展"作为华为管理任务的第一个要点来加以强调。

任正非指出，必须要实现公司的均衡发展，也就是抓企业最短的一块木板。"在管理改进中，一定要强调改进我们木板最短的那一块。为什么要解决短木板呢？公司从上到下都重视研发、营销，但不重视理货系统、中央收发系统、出纳系统、订单系统等很多系统,这些不被重视的系统就是短木板,前面干得再好,后面发不出货,还是等于没干。因此,全公司一定要建立起统一的价值评价体系、统一的考评体系,才能使人员在内部流动和平衡成为可能。比如有人说我搞研发创新很厉害,但创新的价值如何体现,创新必须通过转化变成商品,才能产生价值。我们重视技术、重视营销,这一点我并不反对,但每一个链条都是很重要的。"

任正非认为,即便是在备受重视的华为研发体系中,也同样存在着"短板"。"我们这几年来研发了很多产品,但IBM等西方公司到我们公司来参观时就笑话我们浪费很大,因为我们研发了很多好东西就是卖不出去,这实际上就是浪费。我们不重视体系的建设,就会造成资源上的浪费。要减少木桶的短木板,就要建立均衡的价值体系,要强调公司整体核心竞争力的提升。"

"研发的评价体系要均衡,在研发体系不存在谁养谁的问题。所以,可以以产品线实施管理,但是要防止公司出现分离。产品线还是要考核和核算,但不要说哪个产品赚钱,哪个产品不赚钱,赚钱的就趾高气扬,不赚钱的就垂头丧气,这样,公司很快就崩溃了。就像N公司的例子,几年前我去N公司时,请了手机部经理、基站部经理和系统部经理来交流,手机部经理就趾高气扬的,基站部经理也神采奕奕的,系统部经理却垂头丧气的,就是因为他们实行产品线考核,结果他们的核心网和光网络就垮掉了。我们不能这样考核,今天是你贡献,明天是他贡献,大家都在贡献,我们要这样考核。我们要做均衡发展,今天不赚钱的项目也要加大投入,今天赚钱的项目要加大奉献。我们希望长远地生存下去，短期生存下去对我们来说是没有问题，因此，评价要从长远角度来考虑。"

第四节 "三化"理论

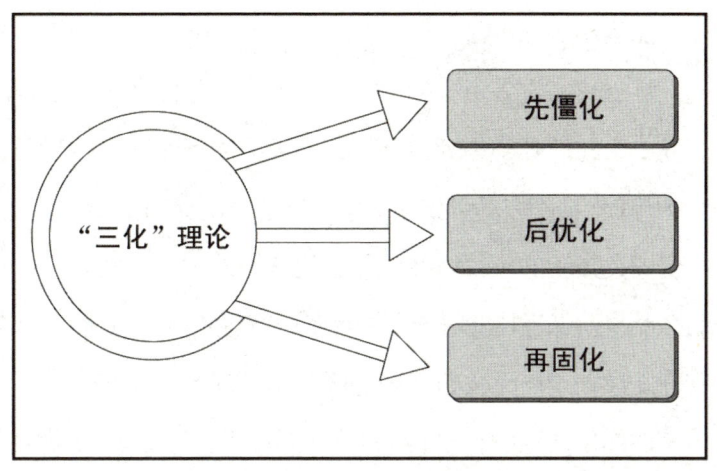

"先僵化，后优化，再固化"是任正非一个著名的管理改革理论，又称"三化"理论，是在华为引进国际化管理运作体系时提出的改革要求，即先僵化接受，后优化改良，再固化运用。这种在今天看起来很笨拙的方法，在当时华为进行业务流程改革的过程中却发挥了非常重要的作用。

1998年8月，华为与IBM合作正式启动了"IT策略与规划"

（ITS&P）项目，开始规划华为未来 3 ~ 5 年需要开展的业务变革和 IT 项目，其中包括集成产品开发（Integrated Product Development，IPD）、集成供应链（Integrated Supply Chain，ISC）、IT 系统重整、财务四统一等 8 个项目，其中 IPD 是这次项目再造最关键的一个重点。

所谓 IPD 是关于产品开发（从产品概念产生到产品发布的全过程）的一种理念和方法，它将产品研发的相关环节统一到一个团队中。这个团队由核心组以及扩展组构成。核心组包括开发、测试、中试（产品的小规模批量生产）、用户服务、市场、财务等各方面的代表。每个核心代表负责领导一个扩展组，比如开发扩展组包括资料开发、软硬件开发等项目经理，中试扩展组包括产品数据、工艺、结构等项目经理。团队的领导是产品研发组织活动上的领导，而不是资源关系上的领导。各位核心代表虽然来自不同部门，但是在产品经理的领导下共同对一个或者多个产品负责，包括产品立项、设计、开发计划、产品发布情况等所有重大问题。任何一个环节的审核、评估都是通过所有核心代表一起商议做出决策，任何一个代表否决都不能通过。

自古以来，任何变革都会遭到各种各样的阻力，要想获得变革的最终胜利，变革的领导者就必须能够正确机敏地应对和顶住来自各方的压力和困难，针对企业实际制定合适的变革策略，华为的流程变革自然也不可避免地会遇到类似的状况。

由于这次的变革是在华为发展一帆风顺的时候进行的，当时的华为刚刚经历了连续 5 年的翻番式增长并在国内确立了龙头老大的

第六章 变革，变革，再变革

市场地位。持续的成功让员工心里充满了自信和无往不胜的良好感觉。华为集中了中国 IT 领域的近万名优秀人才，这些人的脑子里都充满了主意，有些员工还没有搞明白"集成产品开发"到底是个什么东西，就开始提出各种各样的问题，他们认为流程比 IBM 的还要先进。

1998 年 9 月，项目刚刚开始一个月，任正非在关于公司 IT 建设的会议上就异常严厉地指出："我最痛恨'聪明人'，认为自己多读了两本书就了不起，有些人还不了解业务流程是什么就去开'流程处方'，结果流程七疮八孔地老出问题。"

针对许多员工包括一些高层员工认为 IBM 的这一套不适合华为的论点，任正非非常明确地说："我们坚决反对搞中国版的管理、华为特色的管理。所谓管理创新，在现阶段就是要去消化西方成熟的管理。""IBM 是一个具有 80 多年悠久历史的公司，而华为还处在一个学生娃、课本式的幼稚管理阶段。我们一直摸着石头过河，但我们不希望掉到河里去。我们应该看到 IBM 已经站在相当的高度，它的坐标是世界级的，所以 IBM 指出我们的问题，我们一定要理解。"

由于 IPD 牵涉的面很广，华为规模大、产品线宽、系统复杂、技术含量高，刚一开始 IPD 在华为的实施是十分艰难的。任正非将推行 IPD 提到了关系华为生死的高度：IPD 关系到华为未来的生存和发展。任正非提醒各级组织、各级部门都要充分认识到其重要性。通过"削足适履"来穿好"美国鞋"的痛苦，换来的是系统顺畅运行的喜悦。

任正非曾这样说道："推行 IT 的障碍，主要来自公司内部，来自高中级干部因电子流程管理，权力丧失的失落。我们是否正确认识了公司的生死存亡必须来自管理体系的进步？这种进步就是快速、正确，端对端，点对点，去除了许多中间环节。面临大批的高中级干部随IT的推行而下岗，我们是否做好了准备？为了保住帽子与权杖，是否可以不推行电子商务？这关键是，我们得说服我们的竞争对手也不要上，大家都手工劳动？我看是做不到的。沉舟侧畔千帆过，我们不前进必定死路一条。"

"危机的到来是不知不觉的，我认为所有的员工都不能站在自己的角度立场想问题。如果说你们没有宽广的胸怀，就不可能正确对待变革。如果你不能正确对待变革，抵制变革，公司就会死亡。在这个过程中，大家一方面要努力地提升自己，一方面要与同志们团结好，提高组织效率，并把自己的好干部送到别的部门去，使自己部下有提升的机会。你减少了编制，避免了裁员、压缩。在改革过程中，很多变革总会触动某些员工的一些利益和矛盾，希望大家不要发牢骚，说怪话，特别是我们的干部要自律，不要传播小道消息。"

为了保证变革的成功，任正非特别制定了对系统"先僵化，后优化，再固化"的变革方针。这也就是说，华为先是让员工在第一阶段"被动"、"全面"地接受这一套新的运行方式，等公司对整个系统的运行有了比较深刻的认知之后，再对其进行调整优化，最后自然也就能形成一套特有的华为自己的运行方式。任正非认为，在管理改进和学习西方先进管理方面，华为的方针是"削足适履"，对系统先僵化，后优化，再固化，切忌产生中国版本、华为版本的幻想。

为了保证将国际先进的管理体系不走样地移植到华为，任正非还下了死命令：不学习 IPD、不理解 IPD、不支持 IPD 的干部，都要下岗！"5 年之内不许任何改良，不允许适应本地特色，即使不合理也不许动。5 年之后把国际上的系统用惯了，再进行局部改动；至于结构性改动，那是 10 年之后的事情。"

在任正非强力推动下，集成产品开发项目开始运行起来了。根据 IBM 咨询的方法，华为 IPD 项目划分为关注、发明和推广三个阶段。所谓关注阶段，是在调研诊断的基础上，进行反复地培训、研讨和沟通，使相关部门和人员真正理解 IPD 的思想和方法。发明阶段的主要任务是方案的设计和选取 3 个试点。推广阶段是逐步进行的，先在 50% 的项目中推广，然后扩大到 80% 的项目，最后推广到所有的项目。

单从技术的角度出发，IPD 让华为从技术驱动型转向了市场驱动型，它最终改变了华为人的做事方法。

1999 年年末，集成产品开发进入局部推行阶段。在 IPD 流程里，人们参与另一种非实体的管理开发流程 TDT（Technology Development Team）——技术开发团队，每个 TDT 都由研发、市场、财务、采购、用户服务、生产等各部门抽调的代表组建，就像一个创业型小企业，而每个产品开发团队的负责人从研发开始就承担起从产品概念到计划、研发直到产品生命周期的全流程责任。他们的目标导向只有一条：满足市场需求并快速赢利。

实行集成产品开发之后，华为的研发流程发生了很大的变化。

以前华为负责研发项目的负责人全部是由技术人员担任，现在则强调产品开发团队的负责人一定要有市场经验。

在新的集成产品开发流程中，市场代表带着产品规格、技术参数等信息到市场上搜集客户反馈，据此考虑市场空间、客户需求的重要性排序以及哪些需求会对未来的市场和产品竞争力产生重大影响等问题。在市场人员的强烈参与下，真正的产品概念得以形成。

接着，财务代表根据市场代表提供的市场数据算账：需投入多少研发工程师、仪器设备成本、制造成本、物料成本、产品生命周期内销售额、利润等，一份《商业计划书》诞生了，用以说服 IPMT（公司投资管理委员会，按照当时的九大产品线分别设立）同意为该产品投资。

同样，采购人员也没等项目开始研发就引入了元器件供应商的竞争和谈判，结果使整个产品的成本降低了 40% 还多。而在以往，这些元器件的选择往往由研发人员决定，他们更多的是考虑如何使产品功能更强大，很少从降低成本角度来考虑。财务和采购的及早加入，使得产品在成本上的竞争力提高了许多。

在任正非的强力推动下，华为坚决贯彻了 IPD 流程变革，如今，IPD 的理念已经融入华为人的血液。

1999 年 11 月，集成产品开发项目第一阶段的概念导入正式结束，开始进入推广阶段。任正非在第一阶段总结汇报会上又对大家说："中国人就是因为太聪明了，五千年都受穷。日本人和德国人并不聪明，但他们比中国人不知道要富裕多少倍。中国人如果不把这个聪明规范起来的话，将是聪明反被聪明误。"

第六章　变革，变革，再变革

2003年上半年，数十位IBM专家撤离华为，标志着业务变革项目暂告一个段落。此次业务流程变革历时5年，涉及公司价值链的各个环节，是华为有史以来进行的影响最为广泛深远的一次管理变革。随着华为公司规模的日益庞大和市场的日益扩张，IPD系统的重要性日益凸现出来。任正非为华为打造了一个IT支撑的、经过流程重整的、集中控制和分层管理相结合的、快速响应客户需求的管理体制，使华为能够与世界顶级的电信运营商用统一的语言进行沟通，为进入国际化奠定了基础。

第五节　灰度：黑白之间

灰度是摄影中的一个术语，即影像灰色的深浅程度，灰度层次越多，照片所展现的色彩就越丰富。有人将灰度这一概念引入管理中，提出管理不应是非黑即白、非此即彼，更多的时候管理者应学会在黑白之间掌握合适的灰度，游刃有余地处理企业遇到的棘手问题。

万事万物都有阴、阳两极之分，这表象完全矛盾的对立物却是相容相合的，生命也因此而传延。中国历史上很早就有"中庸之道"的说法，其实中庸之道是灰色管理的结果。中庸不是失去原则，而是在矛盾体中找到兼顾彼此的途径。正如任正非所说："任何事情都不会以极端的状态出现，黑白只是哲学上的两种假设。现实中真正生活成功的，大多真正理解了灰色。"

任正非认为，管理不是非黑即白，而是介于黑白之间的平衡力量，即灰色。

华为在二次创业时期，为了使公司与国际管理接轨，进行了一系列变革。在华为管理变革初期，公司的各项管理比较严，但现在随着公司的各项管理变革落地，一切管理都流程化、制度化了后，公司就开始逐步放松了严厉的管理，更多地要求干部、主管学会灰色管理。为什么是灰色？灰色思维突破了矛盾着的事物的简单二分，表明矛盾着的事物并非一定是非黑即白、是非立辨，而是可以介于黑白之间各个不同状态的选择，呈现不同状况的灰色。

任正非曾这样阐述了他的这一灰色思想："我们处在一个变革时期，从过去的高速增长、强调规模，转向以生存为底线，以满足客户需求为目标，强调效益的管理变革。在这个变革时期中，我们都要有心理承受能力，必须接受变革的事实，学会变革的方法。同时，我们要有灰色的观念，在变革中不要走极端，有些事情是需要变革，但是任何极端的变革，都会对原有的积累产生破坏，适得其反。"

任正非认为，在变革中，任何黑的、白的观点都是容易鼓动人心的，而华为恰恰不需要黑的或白的，华为需要的是灰色的观点。而介于黑与白之间的灰度，是十分难掌握的，这就是领导与导师的水平。没有真正领会的人，不可能有灰度。

任正非提出了"学习灰色管理"的理念，其背景是这样的：一是华为正处在一个变革时期，所以要求管理者要有灰色管理的理念，不要走变革的极端。二是这些变革也是华为"二次创业"，为了现实和国际管理接轨而进行的。有变革就一定有业务整合调整、利益重新分配等,为了消除变革带来的影响,就必须使用灰色管理的方式和态度处理矛盾,相互协调,并获得最好的平衡点。三是在此之前,大部分管理者已经适应了这种"精确管理"模式,所以他们面对变革需要有新的思维。

灰色管理并不完全是软弱、妥协,它要求各级主管既要坚持原则,也要善于找到让员工心甘情愿去接受的变通方法。任正非表示:"任何事物都有对立统一的两面,管理上的灰色,是我们的生命之树。我们要深刻的理解、开放、妥协、灰度。"

第六节 严格控制成本

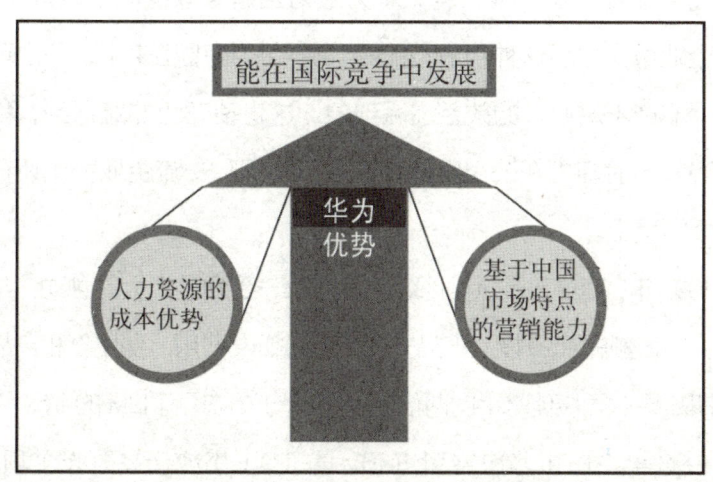

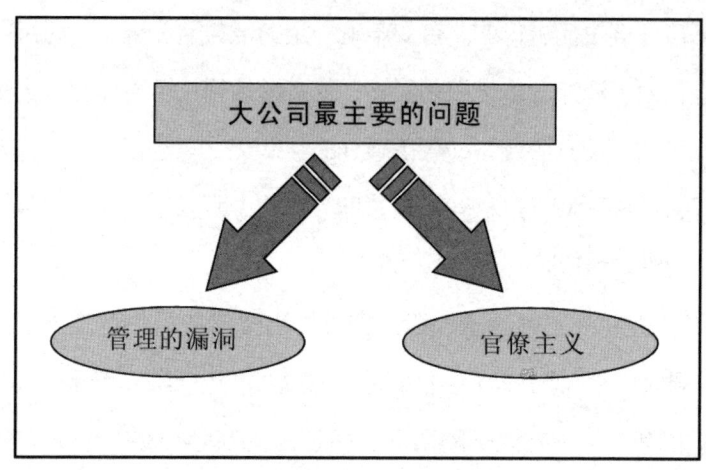

管理大师彼得·德鲁克曾说:"企业家就是做两件事,一是营销;二是削减成本。其他都可以不做。"任正非非常赞同德鲁克的观点,他认为,成本控制良好情况下的成长才是健康成长,否则风险太大。华为正处在从销售拉动型转变为精细运营的关键时期,未来的利润会更多来自效率提升和成本控制。

与大多数中国企业一样,华为最初也是采取粗放型经营模式,而当企业做大之后这种粗放型的经营弊端就显现出来了,即出现所谓的"增产不增收"的效益递减现象。这也使任正非意识到,华为在相当长的时间内在公司整体经营方面与国际一流企业相比还存在比较大的差距。

1997年,任正非到美国参观考察IBM,受到了极大的触动。华为每年将销售额的10%投入产品开发,但是研发费用浪费比例和产品开发周期却是业界最佳水平的两倍以上,人均效益只有IBM的1/6。

1998年,任正非决定引进IBM的IPD(集成产品开发)项目。

第六章　变革，变革，再变革

IPD 强调以市场和客户需求作为产品开发的驱动力，通过改变产品开发模式，缩短产品上市时间，从而降低开发成本，最终提高产品的赢利能力。

任正非意识到，华为过去之所以能够在激烈的国际竞争中发展起来，主要依靠两个方面的优势：一是人力资源的成本优势；二是基于中国市场特点的营销能力。但是，随着中国经济的发展，劳动力的成本必然会随之提高。另外一个就是降低采购成本，而在现在全球一体化的经济进程中，如果不以牺牲质量为代价的话，这一点也无法持续保持。因此，持续降低成本的努力方向将会逐步从仅仅降低投入成本向降低企业运营过程的所有环节的成本上来。

任正非说道："管理中最难的是成本控制。没有科学合理的成本控制方法，企业就处在生死关头。全体员工都要动员起来，优化管理，要减人、增产、涨工资。明年生产要翻一番，但人员不一定要翻一番。从管理中要效益。"

任正非认为企业的成本控制是多方面的，并不仅仅指产品成本的控制。"大家都认为成本低就是指料本低，其实成本的构成是方方面面的。每一个部门都要冷静反思，过度地降低成本我不赞成，但是不认真研究成本下降我也不接受。比如销售成本，国内一个2000万美元的单，有十几人在围着转，海外一个人手里握着几个2000万美元的单，国内的人力资源是过剩的，我们就要源源不断地强制性地抽优秀员工到海外去。尽管国外的成本和费用比国内的成本高得多，我们还是要源源不断地向海外输送人才。"

一直秉承大投入大产出的华为，在研发和人力资源等方面的投入是巨大的，但任正非认为投入不能是盲目的，该花的钱一分也不能少花，不该花的钱一分也不能花。华为在加速度成长时期时，许多员工片面地追求销售额的增长速度，不太注重成本。这一时期，虽然公司收入呈现100%的增长速度，但管理费用、销售费用却以超过100%的速度攀升，利润只有百分之十几，高投入并没有带来高利润。为解决这一问题，2002年，任正非开始在公司内部推行低成本运作。任正非强调，企业通过成本控制获得赢利，比开拓市场来得更有效。"大规模不可能自动地带来低成本，低成本是管理产生的，盲目的规模化是不正确的，规模化以后没有良好的管理，同样也不能出现低成本。一个大公司最主要的问题是两个：一是管理的漏洞；二是官僚主义。因此，我们在管理上要狠抓到底，我们不相信会自发地产生低成本。"

在公司管理方面，华为不仅有很多规章制度约束员工去节约，而且还有很多策略和措施去实现结构性的成本降低。

华为的财务管理在1997年就全面达到了规范的国际账务管理水准。任正非要求，在这个基础上，要加强成本控制管理。从预算管理入手，以成本管理为基础来优化财务管理制度。他要求财务部门按照业务需要，建立严格的财务预算和审核机制，使预算之外的资金从申请到审批更为困难。

华为成立了专门的成本核算机构，这个机构由人力资源管理、财务核算、研发等各个部门的相关人员组成，对公司各方面的成本实施监控。华为业务范围遍布全球，其人力资源成本自然成为公司最大的一项支出。摊子大了，管理难以细化、到位，浪费就会发生。有些华为主管头脑中没有"人力成本"的概念，导致部分代表处存

第六章 变革，变革，再变革

在人力资源浪费的现象。

因此，华为加强了人力预算的审核，从对人力总数的控制转向对人力总成本的控制。尤其是在实施海外战略以来，华为更加注重在提升海外赢利能力的同时，尽量降低海外运营成本。

从2002年开始，华为严格控制海外人员的人力成本，将所有华为海外员工的每日补贴由原来的75美元下调至40美元。

此外，华为还通过外包业务来达到控制成本的目的。1998年，华为先从食堂、保安、保洁、医院、小卖部、印刷等后勤部门入手进行改革，面向社会公开招标合作者。这一举措使运作成本明显下降，同时还把各级主管从繁杂的琐碎事务中解脱出来，使管理难度大大降低。

2000年前后，华为又将一些非核心业务进行外包，涉及制造、组装、包装、发货和物流等多个环节。为了妥善安置相关人员，华为出台了优惠政策和财政支持，鼓励员工内部创业。同时还经常把工程安装、设备运行维护、客户接待、客户培训、市场调查等业务分包给那些专业的中小企业。这样做不仅可以减少工资支出，而且可以控制居高不下的差旅费。通过专业分工和公开招标，大大降低了市场运作成本，同时提高了服务质量与效率。

除了控制内部成本外，华为更加强了对外部成本的控制。尤其是在原材料采购方面，建立集中统一的采购认证，让控制有效而又灵活的供应体系促进企业的进步。"采购方面，我们请了一个德国的高级主管，相当于我们很高的管理层，年薪60万美元，聘他当采购部总裁。（他）当了两年，整个采购体系从小农的采购全部转变成了现代的采购体系。在当时 IT 泡沫最困难的时候，我们能降低成本二十几个亿。因为在采购体系上，我们已经进入了国际水平。"

2003 年，华为所有下游产品零部件采购首次实行网上即时招标，采购成本一举降低了近 30%。"我们要活下去，就一定要提高效率和控制成本。我们每个部门和每个员工都要时刻想到如何为公司全流程节省成本做出贡献，时刻想到如何能提高效率，这样我们才能在激烈的市场竞争中生存下来。"

人力是有成本的，而有些华为主管头脑中却没有"人力成本"的概念。华为从 2006 年开始也加强了人力预算的审核，从对人力总数的控制转向对人力总成本的控制。如果只控制人数，一些管理者就不会去考虑人才结构，招一些高级人才做简单的事，或者给资历低的人比较高的工资。有段时间，成本核算系统发现，华为地区部部分代表处存在人力资源浪费的现象。按照华为的逻辑，这是对公司资源最大的浪费，公司总部很快提出了整改要求。

第七节 授权给一线团队

1985 年，通用（GE）时任总裁韦尔奇开始了被经济学家熊彼特称为"创造性毁灭"的改革，他将 GE 的管理层级从 29 个层级减少到 6 个层级。当韦尔奇完成这项改革之后，整个 GE 公司看起来就像

第六章　变革，变革，再变革

是平放在地上的四轮马车。最高管理层在中央，其余的管理层向周围放射，就像是车轮的轮辐。这样一来，公司内部的信息流通变得异常迅速。韦尔奇说道："在20世纪80年代，我们去除了一层又一层的管理阶层，我们推倒了一层又一层瓜分财富的墙壁。我们不断裁减员工——那些专挑毛病的人、乱出主意的人。这样做之后，我们发现那些获得了发展空间的人们能够获得足够的信任做出属于自己的决定，而当他们为自己的决定工作时，他们更加努力了。"

韦尔奇强调："我们也着手裁撤了公司总部的员工。在美国公司中，总部往往会成为造成公司毁灭的因素，它可能扼杀、窒息、阻碍公司的发展，增加不安全的因素。如果你想简化你的前线，那么你就不能在后方保留大批人员，这些人是你所不需要的：问个不休者、监督人员、阻碍程序进行的吹毛求疵者、以事后议论为本职和多管闲事者以及阻碍公司内部沟通者。如今，公司总部的人员是一批精通税制财务或其他关键领域的专家，他们能够更有效地帮助前线的人们。我们的公司员工不再只是制造麻烦或带来问题，他们彼此合作。这是思想态度上的转变：人们主要对公司业绩负责，而不是别的什么。"

韦尔奇所做的就是治疗"大企业病"，治疗方法，用任正非的话来说，就是"让听得见炮声的人来决策"。

任正非说："谁来呼唤炮火，应该让听得见炮声的人来决策。而现在我们恰好是反过来的。机关不了解前线，但拥有太多的权力与资源，为了控制运营的风险，自然而然地设置了许多流程控制点，而且不愿意授权。过多的流程控制点，会降低运行效率，增加运作成本，滋生官僚主义及教条主义。"

2008年，任正非提出部分决策权放到听得到炮响的地方去。北非地区部给华为提供了一条思路，就是把决策权根据授权规则授给一线团队，后方起保障作用。这样华为的流程优化的方法就和过去不同了，流程梳理和优化要倒过来做，就是以需求确定目的，以目的驱使保证，一切为前线着想，就会共同努力地控制有效流程点的设置。从而精简不必要的流程，精简不必要的人员，提高运行效率，为生存下去打好基础。

任正非用一个形象的术语来描述，过去华为的组织和运作机制是"推"的机制，现在华为要将其逐步转换到"拉"的机制上去，或者说，是"推""拉"结合、以"拉"为主的机制。推的时候，是中央权威的强大发动机在推，一些无用的流程，不出功的岗位，是看不清的。拉的时候，看到那一根绳子不受力，就将它剪去，连在这根绳子上的部门及人员，一并减去，组织效率就会有较大的提高。我们进一步的改革，就是前端组织的技能要变成全能的，但并非意味着组织要去设各种功能的部门。"公司管控目标要逐步从中央集权式，转向让听得见炮声的人来呼唤炮火，让前方组织有责、有权；后方组织赋能及监管。"

任正非表示，基层作战单元在授权范围内，有权力直接呼唤炮火。当然炮火也是有成本的，谁呼唤了炮火，谁就要承担呼唤的责任和炮火的成本。后方变成系统支持力量，必须及时、有效地提供支持与服务，以及分析监控。公司机关不要轻言总部，机关不代表总部，更不代表公司，机关是后方，必须对前方提供支持与服务，不能颐指气使。

第六章　变革，变革，再变革

任正非说道："公司的最高决策机构是 EMT 会议，EMT 成员只是在会议结束后，推动决议的执行，他们叫首长负责制，也不能自称总部。机关干部和员工更不能以总部自称，发号施令，更不能要求前方的每一个小动作都必须向机关报告或经机关批准，否则，机关就会越做越大，越来越官僚。一线的作战，要从客户经理的单兵作战转变为小团队作战，而且客户经理要加强营销四要素（客户关系、解决方案、融资和回款条件以及交付）的综合能力，要提高做生意的能力；解决方案专家要一专多能，对自己不熟悉的专业领域要打通求助的渠道；交付专家要具备与客户沟通清楚工程与服务的解决方案的能力，同时对后台的可承诺能力和交付流程的各个环节了如指掌。"

"让听得见炮声的人来决策"，和中国独有的军事原则与军事思想——"将在外，君命有所不受"的思想是一样的。"君命有所不受"，是个让步条件的复句，如果将它还原为现代汉语的句式则是："即使国君有命令传达到，假如在可行性上有疑问，也不能执行它。"孙武的名言到司马迁这里又发展出个结句"将在外，主令有所不受，以便国家"（《史记·魏公子列传》）。

任正非以美军在阿富汗的特种部队来举例。"以前前线的连长指挥不了炮兵，要报告师部请求支援，师部下命令炮兵才开炸。现在系统的支持力量超强，前端功能全面，授权明确，特种战士一个通讯呼叫，飞机就开炸，炮兵就开打。前线三人一组，包括一名信息情报专家，一名火力炸弹专家，一名战斗专家。他们互相了解一点对方的领域，紧急救援、包扎等都经过训练。当发现目标后，信息专家利用先进的卫星工具等确定敌人的集群、目标、方向、装备……炸弹专家配置炸弹、火力，进行准确的作战布置，其按授权许可度，用通信呼唤炮火，完全消灭了敌人。美军作战小组的授权是以作战规模来定位的，例如：5000万美元，在授权范围内，后方根据前方命令就及时提供炮火支援。我们公司将以毛利、现金流，对基层作战单元授权，在授权范围内，甚至不需要代表处批准就可以执行。军队是消灭敌人，我们就是获取利润。铁三角对准的是客户，目的是利润。铁三角的目的是实现利润，否则所有这些管理活动是没有主心骨、没有灵魂的。当然，不同的地方、不同的时间，授权是需要定期维护的，但授权管理的程序与规则，是不轻易变化的。"

第八节 "群体接班"

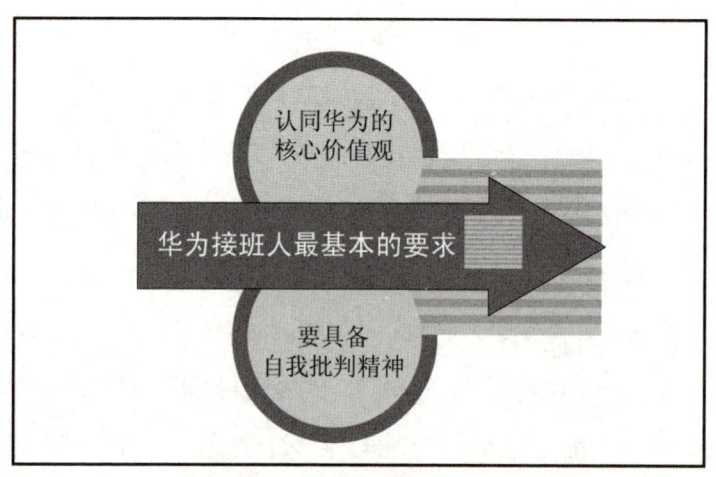

第六章　变革，变革，再变革

传说佛教禅宗五祖要把衣钵传给下一代时，命门下弟子将学禅的心得，口诵一佛偈，用以评判哪一位弟子可得传衣钵。大弟子神秀志在必得，回答："身似菩提树，心如明镜台；时时勤拂拭，勿使染尘埃。"另一个弟子惠能则答："菩提本无树，明镜亦非台；本来无一物，何处染尘埃。"禅宗本来就讲究"无"和"空"，讲究"见性成佛"，因此，惠能最终得到了五祖的赏识，被列为传人，这就是后来著名的六祖。由于选对了人，禅宗在六祖那里不仅发扬光大，而且成为中国佛教的一个重要分支。

这则禅宗传人的故事说明一个基本的原理，任何一个组织能否持续经营，关键在于能否找到合适的传人，也就是我们所说的接班人。

柯林斯在著名畅销书《基业长青》中这样写道："美国的先贤们致力于创建这样的制度：在他们去世之后，还能够源源不断地为美国培养优秀的领袖、优秀的人才。企业也是如此，有些公司创建于百年之前，至今却仍然生机勃勃，比如通用电气。因为他们的先贤建造的是一个能够源源不断制造优秀后继者的组织。"

通用电气前 CEO 杰克·韦尔奇说："花十年的工夫培养一个合格的经理，时间不算长。"可见，企业的接班人的培养是一个漫长的"十年磨一剑"的过程，必须高瞻远瞩，提前筹划，做好计划。

对于培养接班人，联想控股董事局主席柳传志用了诸葛亮的例子来表明心迹：

"小时候熟读《三国演义》，我也是诸葛亮的一个忠实粉丝……想当年，他计出奇谋，三分天下；他鞠躬尽瘁，死而后已；千百年来，他是作为智慧与道德的双重象征留在中国人心目中的。然而，他不仅没能实现匡复汉室的理想，而且蜀国还是三国中最先亡国的一个。为什么他会是这样一个结局？

"诸葛亮之败，固然有当时复杂的政治、经济和军事等方面的很多因素，但我认为他本人培养人才不力肯定是主要原因之一。在他用兵点将的时候，一般我们很难看到核心团队成员的决策参与，更多的是诸葛亮个人智慧的专断，这种习惯导致了后来蜀汉政权内部对诸葛亮的绝对依赖，广大谋臣及将领缺乏决策的实际锻炼。后来他身居丞相位置，工作不分大小多亲力亲为，自校簿书，罚二十以上亲览，没有放手着力为蜀汉政权造就和培养后续人才，以致造成后来'蜀中无大将，廖化充先锋'的局面。他最后选定姜维做接班人，也主要还是让姜维任事，对姜维如何定战略、如何处理内政尤其是处理与成都朝廷集团的关系等方面缺乏悉心培养指导。他这么干不行，连他的对手司马懿也看出来了，说：'孔明食少事烦，其能久乎！'每次吃得那么少，事务繁杂又事必躬亲，肯定活不长了。果然不久诸葛亮就积劳成疾，过早离开了人世。

"我没有半点亵渎诸葛亮的意思，主要是哀其不幸，也感叹其误己，竟至于最后也耽误了蜀国的事业。回想到我们搞企业工作的人中，有不少人立意都很高远，也不乏雄才大略，过程也很精彩，但企业最终却失败了，我们从诸葛亮身上要吸取什么教训？以我办联想的体会，最重要的一个启示是，除了需要敏锐的洞察力和战略的判断力外，培养人才，选好接替自己的人，恐怕是企业领导者最重要的任务了。

"诸葛亮的历史功勋是有目共睹的。然而,他一贯亲力亲为、没有培养出治理蜀国的优秀接班人队伍,不仅自己落得个'出师未捷身先死,长使英雄泪满巾'的悲惨结局,也使蜀国成为三国中最早灭亡的一个王朝。"

领导一个企业和领导一个国家的道理是相通的。从"成也孔明,败也孔明"的历史经验教训中,柳传志深有同感:"以我办联想的体会,最重要的一个启示是,除了需要敏锐的洞察力和战略的判断力外,培养人才,选好接替自己的人,恐怕是企业领导者最重要的任务了。"

柳传志曾说,选接班人就像选太太,要符合两点:一要漂亮;二要爱我。漂亮,意味着能力超群,是谓有才;爱我,意味着认同企业文化和创业领袖,是谓有德。所以能在联想担当重任的一定是德才兼备的人。

华为的接班人问题,显然是一个非常神秘的问题,可能也是困扰华为未来发展的一个重要问题。正如电信咨询公司 Frost&Sullivan 中国区总经理王煜全所说的:"没有人能接任正非的班,在华为树立起像任那样的威信。"

实际上,从 1995 年华为刚刚度过艰苦的创业期开始,任正非就已经在考虑接班人的问题了。华为接班人问题的第一次提出,是以增强企业竞争力为目标的"制度建设副产品"的形式出现的。那时候任正非刚过 50 岁,他当时考虑的也许并不是自己的接班人,而是如何建立一个让能力和价值观可以完整复制,人力资本不断增值的覆盖整个公司人力资源体系的接班人制度,这就是所谓"群体接班"

思想产生的基础。

华为表示,在华为,每个员工都可以成为接班人,接班人是广义的,不是高层领导下台产生接班人,而是每时、每刻、每件事、每个岗位、每条流程都发生这种交替行为,每个人的岗位身边都有人盯着,你不行,人家上,这叫"全员接班制"。华为总裁任正非通过这样的做法,把危机意识和压力传递到每一个员工,通过无依赖的压力传递,使内部机制永远处于激活状态。

1997年年底,任正非曾说:"希望华为能够出现100个郑宝用,100个李一男。"

其背后的含义,是希望华为通过群体成长的方式,摆脱对个别人的依赖,这其中当然包括他本人。《华为公司基本法》的初衷是要培养接班人,实现从个人到组织的超越。

在"接班人"问题上,与同为中国电子百强翘楚的联想相比,华为显然走在了后面,在2001年,57岁的柳传志已将权杖交给38岁的杨元庆,自己退居幕后,完成了高层权力的过渡。

然而至今,任正非却仍未有一个明显的继承者,一般而言,培养一个合格的企业接班人需要数年甚至数十年的时间,即便在那些以稳健著称的大公司,姗姗来迟的接班人计划也往往会给公司带来不必要的内耗和动荡。显然,接班人问题确实已经成了华为的一个重要的难题。任正非多年来一直对企业的各级接班人提出了两点最基本的要求:一是要认同华为的核心价值观;二是要具备自我批判精神。也就是既要坚持原则,也要不断自省,在"否定之否定"中实现创造性的发展。

第六章　变革，变革，再变革

2005年，华为成立了日常最高决策层EMT（经营管理团队），由孙亚芳董事长、任正非总裁以及6位分管不同领域副总裁组成，构成群体决策的民主机构，并推行了"轮值主席"制，由不同的副总裁轮流执政，每月定期商讨公司战略决策。EMT团队具有最高决策权，作为总裁的任正非也只是执行其决议。华为开始从任正非个人主导型的管理模式走向EMT的管理模式，华为新的使命与战略已经开始摆脱了任正非个人意志，体现出EMT团队的意志与价值诉求，更加具有全球视野和国际化思维，变得更加开放、兼容。华为EMT成员大都低调而沉稳，在华为内部"接班人"的话题也就此淡化。

与此同时，管理的持续性问题和接班人问题也无法回避地摆在当时已经58岁的任正非面前。他清楚：从个人英雄向民主集中制决策模式的成功变革，离不开兼具战略思维与执行力的接班人梯队。任正非具有超强的学习和纠错能力。

在管理方面，华为加大了对职业化进程的推进，全面引进国际管理体系，包括职位与薪酬体系，以及英国国家职业资格管理体系（NVQ）、IBM的集成产品开发（IPD）及集成供应链管理（ISC）等。

在接班人方面，任正非确定了决策模式转变与领导人培养二者合一的目标。华为有着超强的执行力，为了规避风险，华为采取的是逐步放权、稳步培养的渐进模式。2004年开始，先从COO——首席运营官开始轮值，涉及战略性的重大决策，依然由CEO任正非或其代理人孙亚芳董事长负责，而运营管理的决策交由COO负责。

2004年，华为成立了EMT（经营管理团队），由董事长、总裁及6位分管不同领域的副总裁组成。EMT在华为具有最高决策权。

这是任正非的个人意志主导向"群体接班"转变的一种铺垫。华为EMT构成群体决策的民主机构，由任正非之外的其他6名EMT成员轮流担任COO，任正非负责把守最后一道关隘，同时充当了"扶上马、送一程"的教练角色。EMT团队具有最高决策权，作为总裁的任正非也只是执行其决议。

同样EMT的决策轮岗制度也充分保证了华为贴近市场，提高决策质量的导向。这种制度是趋于扁平化的管理模式，减少了传统管理金字塔架构导致的管理层和一线、市场的脱节，同时削弱了个体的决策权力，增加了群体的决策力量，从而强化了公司一般决策的质量。当然这种轮值制度也会降低部门间的沟通成本，提高团队协调的能力，培养了潜在的高层领导者。可以肯定地说，华为的发展得益于这种"头狼"文化所演变而成的轮岗制度。

2011年12月，任正非在其文章《一江春水向东流》中回顾道："大约2004年，美国顾问公司帮助我们设计公司组织结构时，认为我们还没有中枢机构，不可思议。而且高层只是空任命，也不运作，提出来要建立EMT(Executive Management Team)，我不愿做EMT的主席，就开始了轮值主席制度，由几位领导轮流执政，每人半年，经过两个循环，演变到今年的轮值CEO制度。"

也许是这种无意中的轮值制度，平衡了公司各方面的利益，使公司得以均衡成长。轮值的好处是，每个轮值者，在一段时间里，担负了公司COO的职责，不仅要处理日常事务，而且要为高层会议准备起草文件，大大地锻炼了他们。同时，他不得不削小他的屁股，否则就得不到别人对他决议的拥护。这样他就为他管辖的部门，带入了全局利益的平衡，公司的山头无意中在这几年削平了。

经历了 8 年轮值后，在新董事会选举中，他们多数被选上。我们又开始了在董事会领导下的轮值 CEO 制度，他们在轮值期间是公司的最高行政首长。他们更多的是着眼于公司的战略，着眼于制度建设。将日常经营决策的权力进一步下放给各事业部、区域，以推动扩张的合理进行。

第九节 轮值 CEO 制度

经过七八年的试验，在轮值 COO 制度成熟之后，华为从 2011 年开始实行目前的轮值 CEO 制度，任正非也逐渐开始脱离管理团队，专注于董事会层面的决策管理和 CEO 教练角色。其目的就是通过这种"在岗培养＋在岗选拔"的方式，为"后任正非时代"做准备。

2011 年年底，任正非对外公布了华为即将实施"轮值 CEO 制度"。轮值 CEO 在轮值期间是公司的最高行政首长。他们更加着眼于公司的战略，着眼于制度建设，将日常经营决策的权力进一步下放给各事业部、区域。

2011 年 12 月，任正非在其文章《一江春水向东流》中这样写道："我不知道我们的路能走多好，这需要全体员工的拥护，以及客户和合作伙伴的理解与支持。我相信由于我的不聪明，引出来的集体奋斗与集体智慧,若能为公司的强大,为祖国、为世界做出一点贡献,20多年的辛苦就值得了。我的知识底蕴不够,也并不够聪明,但我容得了优秀的员工与我一起工作,与他们在一起,我也被熏陶得优秀了。他们出类拔萃,夹着我前进,我又没有什么退路,不得不被'绑'着、'架'着往前走,不小心就让他们抬到了峨眉山顶。我也体会到团结合作的力量,这些年来进步最大的是我,从一个'土民',被精英们抬成了一个体面的小老头。因为我的性格像海绵一样,善于吸取他们的营养,总结他们的精华,而且大胆地开放输出。

"那些人中精英,在时代的大潮中,更会被众人团结合作抬到喜马拉雅山顶。希腊大力神的母亲是大地,他只要一靠在大地上就力大无穷。我们的大地就是众人和制度,相信制度的力量,会使他们团结合作把公司抬到山顶的。"

任正非指出,作为轮值CEO,他们不再只是关注内部的建设与运作,同时,也要放眼外部,放眼世界,要使自己适应外部环境的运作,趋利避害。

任正非表示,轮值CEO制度比将公司的成功系于一人的制度要好。每个轮值CEO在轮值期间奋力地拉车,牵引公司前进,他走偏了,下一轮的轮值CEO会及时纠正航向,使大船能早一些拨正船头,避免问题累积过重不得解决。

这是继员工持股制度之后,又一项重要的制度设计。员工持股制度以制度的形式安排了财富的分配机制,解决的是公司的动力问题;轮值CEO制度则以制度的形式确定了公司权力的交替秩序,解决的是公司未来可持续稳定发展的问题。前者让火车头加满了油，后者保证了火车头的正确方向。

2013年4月底，华为公司通过"总裁办"发出全员邮件，公布了任正非2013年3月30日在持股员工代表大会上的发言。他在发言中表示其家族成员将永远不会接班，现在华为实际上施行的是轮值CEO制度。任正非在发言中明确表示：

1. 公司不是我个人的，因此接班人不是我说了算，而是大家说了算。外界神化了我，其实不是这样。创业之初，我是自视自己能力不行，才选择了任人唯贤，如果不是这样，也许早些年公司就被历史淘汰了。现在公司这么大了，不会再倒回去选择用人唯亲。由于公司是集体领导，许多成功的事，大家不知道帽子该戴在谁的头上，就摁到我的头上了。其实我头上戴的是一顶草帽。

2. 今天的轮值CEO运行得很好，不见得明天的轮值董事会主席就运作得好。

华为的董事会并不完全代表资本方，也代表着劳动方（目前董事必须是员工）。前面25年的成功，我们平衡发展得很好，不见得未来20年就找不到更好的平衡发展方案。我们这3～5年将努力推动行政改革，3～5年后，我们会推动治理结构及运作方式的改革。改革太快了，容易撕裂艰难建立起来的管理，有了沟壑，行进会更加不顺利，欲速则不达。大量的资本流入，会使华为盲目多元化，进而失速。

3. 我的家人有4人在华为公司上班。我以前讲过，20多年前，有一个人在兰州用背包，背着小交换机，坐火车到各县、区推广，那是我的亲人；在西乡工厂做过半年包装工，穿着裤衩，光着上身钉包装箱，后来又在四川装机搬运货物，损伤了腰椎的是我的亲人；临产前两三天还在上班，产后半月就恢复上班的也是我的亲人。他们都是凭自己的劳动，在华为努力工作的。他们仅是一个职业经理人员，绝不会进入接班人的序列。我对大家讲清楚是为了少一些猜疑，以免浪费了你们的精力。

任正非认为，华为的接班人，除了视野、品格、意志要求之外，还要具备对价值评价的高瞻远瞩和驾驭商业生态环境的能力。

华为的接班人，要具有全球市场格局的视野，交易、服务目标执行的能力，以及对新技术与客户需求的深刻理解，而且还应具有不固步自封的能力。

华为的接班人，还必须有端到端对公司巨大数量的业务流、物流、资金流等简化管理的能力。

第七章

生存的唯一理由

| 任正非 |

HUAWEI'S WINTER

华 为 的 冬 天

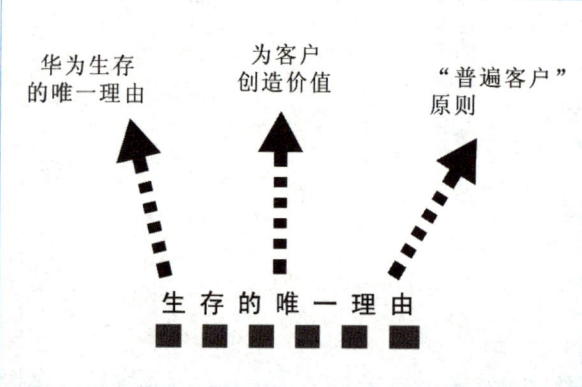

第七章 生存的唯一理由

第一节 华为生存的唯一理由

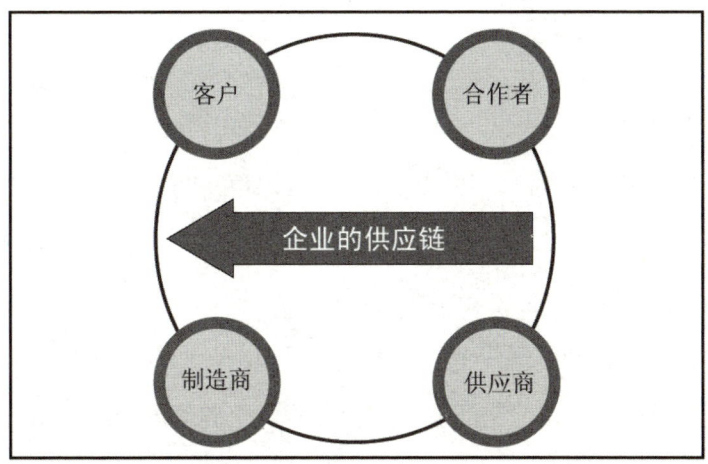

对于企业存在的理由，西方学术界有三种代表观点：第一种观点是以美国公司为代表，认为企业生存是为了使股东得到最大的回报，即股东利益最大化；第二种观点是以日本企业为代表，认为企业生存是为了让公司员工得到最好的报酬，即员工价值最大化；第三种观点则认为，企业生存是为了实现包括股东、员工、客户、供应商、合作者、政府、社区等在内的所有利益相关者都得到相应的回报。

而任正非认为，客户才是华为发展和企业价值实现的力量源泉，没有了客户，企业就失去了立足之本。客户比天大。他说：

"从企业活下去的根本来看，企业要有利润，但利润只能从客户那里来。华为的生存本身是靠满足客户需求，提供客户所需的产品和服务并获得合理的回报来支撑。员工是要给工资的，股东是要给回报的。天底下唯一给华为钱的，只有客户。我们不为客户服务，还能为谁服务？客户是我们生存的唯一理由！既然决定企业生死存亡的是客户，提供企业生存价值的是客户，企业就必须为客户服务。

"客户是华为之魂，华为生存下来的理由就是为了客户。因此，华为从上到下都要围绕客户转，而不是只有一两个高层领导建立客户价值观，只有全体员工都建立了客户价值观，才能实现客户服务的流程化、制度化，才能实现无为而治。"

任正非强调，现代企业竞争已不是单个企业与企业的竞争，而是一条供应链与供应链的竞争。企业的供应链就是一条生态链，客户、合作者、供应商、制造商的命运在一条链上。只有加强合作，关注客户、合作者的利益，追求多赢，企业才能活得长久。因为，只有帮助客户实现他们的利益，华为才能在利益链条上找到华为的位置。只有真正了解客户需求，了解客户的压力与挑战，并为其提升竞争力、提供满意的服务，客户才能与你的企业长期共同成长与合作，你才能活得更久。所以华为需要聚焦客户关注的挑战和压力，提供有竞争力的通信解决方案及服务。

华为将上述理念传达给每一名员工。新员工首先被灌输的理念就是：华为存在的理由是为客户服务，华为的任务是争得更多为客户服务的机会。每一名员工，不管从事什么工作，都是在直接或间接地为争得为客户服务的机会做贡献。

早在创业初期，华为就面临了要眼前利益还是要客户的考验，

第七章 生存的唯一理由

任正非明确地指出，华为要用真诚感动客户。后来他在回忆那段光荣岁月时，曾动情地说：

"定格在人们脑海里的华为销售和服务人员的形象是：背着我们的机器，扛着投影仪和行囊，在偏僻的路途上不断地跋涉……在《愚公移山》中，愚公整天挖山不止，还带着他的儿子、孙子不停地挖下去，终于感动了上天，把挡在愚公家前的两座山搬走了。在我们心里面一直觉得这个故事也非常形象地描述了华为18年来，尤其是20世纪90年代初中期和海外市场拓展最困难时期的情形，是我们始终如一对待客户的虔诚和忘我精神，终于感动了'上帝'，感动了我们的客户！无论国内还是海外，是客户让我们有了今天的一些市场，我们永远不要忘本，永远要以宗教般的虔诚对待我们的客户，这正是我们华为奋斗文化中的重要组成部分。"

除了在意识上强化为客户服务的理念外，任正非还坚持以提升技术的先进性、提高产品质量的可靠性、建立及时良好的售后服务体系作为提升客户服务水平的前提。

在市场初开的时候他在很多场合都真诚地向用户表示："外国产品，我们现在还争不赢它们，但明天就会变得强有力。今天，在网上有些方面还没有达到你们的要求，明天我们会逐步完善，以满足你们日益发展的需要。"

任正非认为，华为只能靠技术先进、质量可靠、服务周到去争取市场，坚持"用户满意度是检验工作的唯一标准"，继续推行研发和技术支援体系的全面改革，以用户为导向实现管理持续改进。"以顾客为导向是公司的基本方针，为了满足用户的要求，我们还会做出我们更大的努力。"

为了让用户得到更好的培训和技术支持，本着贴近客户的原则，华为建立了用户服务中心，对客户的问题通过远程支持来解决。还在全国建立了 7 个片区技术支援部，各省均成立了办事处和用户服务中心，逐渐走向集中受理，网上解决。所有投诉要立即上网，立即公布。一旦哪里出问题，华为的技术人员会日夜兼程赶到现场日夜工作，立马维修更换，突发性事件的完美解决往往增进了华为与客户的关系。及时服务在华为成为良好的风气，客户对华为也越来越信任。

任正非相信，华为真诚为用户服务的心一定会感动"上帝"，一定会让"上帝"理解物有所值。华为最终以高品质的产品和完善的服务赢得了客户，赢得了市场，赢得了华为的新时代。但任正非依然一如既往地反复向员工强调：

"公司将继续狠抓管理进步，提高服务意识。建立以客户价值观为导向的宏观工作计划，各部门均以客户满意度为部门工作的度量衡，无论直接的、间接的客户满意度都激励、鞭策着我们改进。下游就是上游的客户，事事时时都以客户满意度对我们进行监督。"

第二节 为客户创造价值

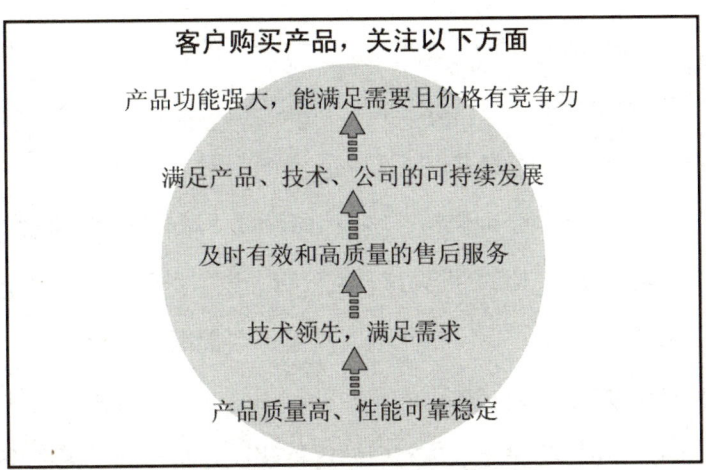

在任正非看来,只有关注客户需求,才能提供符合市场的产品,才能不断提高客户的满意度,企业才能持续地发展下去。任正非表示:

"任何时候,不管是给运营商提供网络设备,还是探索一项新的技术、开发一个新的产品;不管是与客户交流、沟通,还是优化内部工作流程,华为公司总是不断地回到最根本的问题——客户的需求是什么?"

关注客户需求是华为服务的起点,满足客户需求是华为服务的目标。对华为来说,通过服务为客户创造价值,永远是第一位的。

华为对客户的重视还表现在如何满足客户需求上。华为的观点是,在产品技术创新上,华为要保持技术领先,但只能是领先竞争对手半步，领先三步就会成为"先烈"，从而明确将技术导向战略转为客户需求导向战略。通过对客户需求的分析，提出解决方案，以这些解决方案引导开发出低成本、高增值的产品。盲目地在技术上引导创新世界新潮流，是要成为"先烈"的，为此华为一再强调产品的发展路标是客户需求导向，以客户的需求为目标，以新的技术手段去实现客户的需求，技术只是一个工具。

任正非表示，必须坚持以客户价值观为导向，持续不断地提高客户满意度。客户100%地满意，就没有了竞争对手，当然这是永远不可能的。企业唯一可以做到的，就是不断提高客户满意度。提升客户满意度是十分错综复杂的，要针对不同的客户群需求，提供实现其业务需要的解决方案，并根据这种解决方案，开发出相应的优质产品和提供良好的售后服务。只有客户的价值观，通过我们提供的低成本、高增值的解决方案得以实现，客户才会源源不断购买我们的产品。

对客户需求的关注，使华为赢得了客户的信任和支持，也使华为在业界建立起差异化竞争优势。在充分理解、掌握标准化的基础上，为客户提供有针对性、个性化的解决方案，更准确地满足了客户的需求。

客户购买产品，一般都很关注以下5个方面：产品质量高、性能可靠稳定；技术领先，满足需求；及时有效和高质量的售后服务；满足产品的可持续发展、技术的可持续发展和公司的可持续发展；产品功能强大，能满足需要且价格有竞争力。其他公司有可能很容易做到其中的1条，但要同时做到5条不容易。华为紧紧围绕着客户关注的 5 个方面的内容，将其渗透到公司的各个方面。2005 年，任正非在名为《华为公司的核心价值观》的报告中这样说道：

1. 基于客户需求导向的组织建设

为使董事会及经营管理团队（EMT）能带领全公司实现"为客户提供服务"的目标，在经营管理团队专门设有战略与客户常务委员会。该委员会主要承担务虚工作，通过务虚拨正公司的工作方向，再由行政部门去决策。该委员会为 EMT 履行其在战略与客户方面的职责提供决策支撑，并帮助 EMT 确保客户需求驱动公司的整体战略及其实施。在公司的组织结构中，建立了战略与 Marketing 体系，专注于对客户需求的理解、分析，并基于客户需求确定产品投资计划和开发计划，确保以客户需求来驱动华为公司的战略实施。

在各产品线、各地区部建立 Marketing 组织，贴近客户，倾听客户需求，确保客户需求能快速地反馈到公司并放入产品的开发路标中。同时，明确贴近客户的组织是公司的"领导阶级"，是推动公司流程优化与组织改进的原动力。华为的设备用到哪里，就把服务机构建到那里，贴近客户提供优质服务。在中国 30 多个省区市和 300 多个地级市都建有我们的服务机构，我们可以了解到客户的需求，我们可以做出快速的反应，同时也可以听到客户对设备运用和使用等各个方面的一些具体的意见。现在，我们在全球 90 多个国家都建有这种机构，整天与客户在一起，客户需要什么，以及在设备使用过程中有什么问题，有什么新的改进，都可以及时反馈到公司。

我们有 3 万多员工分布在全世界，其中外籍员工有 5000 人，中国员工有 25000 人，分布在各个国家，就像游离的电子一样。我们怎样掌握他们呢？我们要求每人每天都要记工作日记，主管领导审批，之后拿到数据库，我们定期抽查，他们不敢作假，因为他们不知道三个月后市场是什么状况，他必须要和客户沟通，否则就毫无价值。财务每天要写自查报告，三个月后，每个主管经理都要向公司保证，向公司报告的数据都是真实的，我们还会不定期地在网上查，所以每个海外员工都不敢散漫。

2. 基于客户需求导向的产品投资决策和产品开发决策

华为的投资决策是建立在对客户多渠道收集的大量市场需求进行去粗取精、去伪存真、由此及彼、由表及里的分析理解基础上的，并以此来确定是否投资及投资的节奏。已立项的产品在开发过程的各阶段，要基于客户需求来决定是否继续或停止、加快或放缓开发。

3. 在产品开发过程中构筑客户关注的质量、成本、可服务性、可用性及可制造性

任何产品一立项就成立由市场、开发、服务、制造、财务、采购、质量人员组成的团队（PDT），对产品整个开发过程进行管理和决策，确保产品一推到市场就满足客户需求，通过服务、制造、财务、采购等流程后端部门的提前加入，在产品设计阶段，就充分考虑和体现了可安装、可维护、可制造的需求以及成本和投资回报。产品一旦推出市场，全流程各环节都做好了准备，摆脱了开发部门开发产品，销售部门销售产品，制造部门生产产品，服务部门安装

和维护产品的割裂状况，同时也摆脱了产品推出来后，全流程各环节不知道或没有准备好的状况。

4. 基于客户需求导向的人力资源及干部管理

客户满意度是从总裁到各级干部的重要考核指标之一。外部客户满意度是委托盖洛普公司帮助调查的。客户需求导向和为客户服务蕴含在干部及员工招聘、选拔、培训教育和考核评价之中，强化对客户服务贡献的关注，固化干部、员工选拔培养的素质模型，固化到招聘面试的模板中。我们给每一位刚进公司的员工培训时都要讲"谁杀死了合同"这个案例，因为所有的细节都有可能造成公司的崩溃。我们注重人才选拔，但是名牌大学前几名的学生我们都不考虑，因为我们不招以自我为中心的学生，他们很难做到以客户为中心。现在很多人强调技能，其实比技能更重要的是意志力，比意志力更重要的是品德，比品德更重要的是胸怀，胸怀有多大，天就有多大。要让客户找到自己的需求得到了重视的感觉。

5. 基于客户需求导向的、高绩效的、静水潜流的企业文化

企业文化表现为企业一系列的基本价值判断或价值主张，企业文化不是宣传口号，它必须根植于企业的组织、流程、制度、政策，员工的思维模式和行为模式之中……华为文化承载了华为的核心价值观，使得华为客户需求导向的战略能够层层分解并融入所有员工的每项工作之中。通过不断强化"为客户服务是华为生存的唯一理由"，提升员工的客户服务意识，并深入人心。通过强化以责任结果为导向的价值评价体系和良好的激励机制，使得我们所有的目标都以客户需求为导向，通过一系列流程化的组织结构和规范化的操作规程来保证满足客户需求。由此形成了静水潜流的基于客户导向的高绩效企业文化。华为文化的特征就是服务文化,全心全意为客户服务的文化。

第三节 "普遍客户"原则

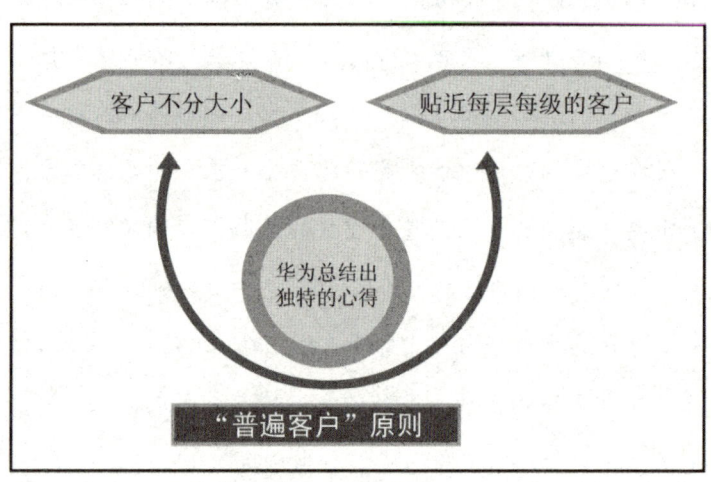

任正非曾语重心长地说:"我们一再告诫大家,要重视普遍客户关系,这也是我们的一个竞争优势。普遍客户关系这个问题,是对所有部门的要求。坚持普遍客户原则就是见谁都好,不要认为对方仅是局方的一个运维工程师就不作维护、介绍产品,这也是一票呀。"

第七章　生存的唯一理由

"普遍客户"原则，是华为奉行的"客户关系至上"原则的具体体现。

"普遍客户"，顾名思义，是相对于"重点客户"而言，华为提出的这个普遍客户，旨在告诉自己的所有员工：客户不分大小、职务不分高低，只要是和产品的销售有关的人员，全面攻克。

在任正非看来，任何一个不起眼的细节和一个不起眼的角色都有可能决定在一个项目中华为的去留，所以在处理客户关系的时候，必须一视同仁，不能轻视订单量小的客户，不能只重复地接触个别的高层领导，对于其他的一些中层领导甚至是普通员工都要"奉为上宾"。

任正非强调，一定要加强普遍的客户沟通，要把普遍沟通的制度建立起来。沟通不够怎么办？就降职、降薪。做不好沟通工作的员工要慢慢淘汰掉。有些人是性格问题不能沟通，就转到别的岗位上去。

"有人说省局见不到，到县局去总可以吧。有人说到县局多花汽油费，我们宁可多花汽油费，也不能停下来，也要沟通。我们建立了到县局沟通的制度，我们一定要执行下去。新员工找不到地方磨枪，就到县局去，他不到县局去，怎么能找到地方磨枪啊？他不磨枪就是锈枪，以后怎么能用啊？不要认为我们要讲节约，不下去跑能省钱。讲节约是讲不需要浪费的地方的节约，不该省的费用就不能省。"

在推行"普遍客户"这个原则方面，华为总结出了一套独特的心得：

1. 客户不分大小

国内外的很多企业，包括一些知名的大公司在内，都存在歧视小客户的问题，他们认为自己要做的是大生意，这种小订单于企业而言可有可无，有些企业甚至还会认为做这样的单子对自己的公司在人力和财力方面都是一种损失。但华为不这样认为，华为觉得自己能有今天这样的市场份额，完全是一点一滴积攒起来的，即使是最小的客户，也不能轻易放弃。例如从不接受媒体采访的任正非会亲自去见一个很小的客户；再比如华为在俄罗斯取得的第一笔订单仅为12美元，但华为并没有就此放弃，而是继续一个个地拜访电信运营商，最终使俄罗斯成为其在海外最大的市场。

任正非在《迎接挑战，苦练内功，迎接春天的到来》中也对普遍客户关系进行了强调总结："我们每层每级都贴近客户，分担客户的忧愁，客户就给了我们一票。这一票，那一票，加起来就好多票，最后，即使最关键的一票没投也没有多大影响。当然，我们最关键的一票同样也要搞好关系。这就是我们与小公司的区别。小公司就是很势利。"

2. 贴近每层每级的客户

华为的客户关系网做得非常成功，一般企业要想抢走华为的客户是非常困难的一件事情，这并不是华为有多么大的背景，而是华为的销售人员把客户关系做得太踏实了。

华为的销售人员在推销自己的产品和对项目竞标的过程中，绝不是谁有权就立刻奔向谁，而是从下到上，层层贴近客户，与每一个有参与权的客户都要搞好关系。例如2000年邮政与电信分家的时候,电信设备采购权随之改变,不再是由原来的县级掌握,而是被收回到了市级。因为县局手里已没有采购权了,所以当时有很多人建议华为把已经在全国建立的200多家地区经营部取消,这样就可以节约很多成本,集中主要精力去攻克市局。但当时任正非的批复是:"我相信,这就是华为和西方公司的差别。我们每层每级都贴近客户,不放弃对我们有利的任何一票。"华为不会因为权力的转移而放弃已经建立起来的关系网,谁有权就去攻谁的关,只搞最关键的关系,而是一如既往地和各地的县局保持良好的关系,在华为看来,只有扎扎实实地做好每一个环节,才有可能赢得最终的市场。事实也证明,正是各级县局给市局提供的意见,使得华为继续获得大批的订单。

第八章

不创新是最大的风险

| 任正非 |

HUAWEI'S WINTER

华 为 的 冬 天

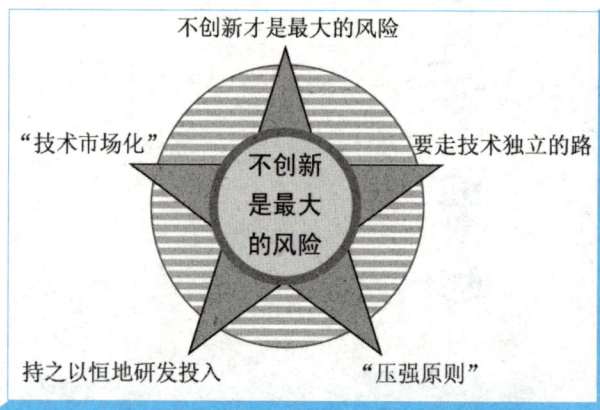

第八章 不创新是最大的风险

第一节 不创新才是最大的风险

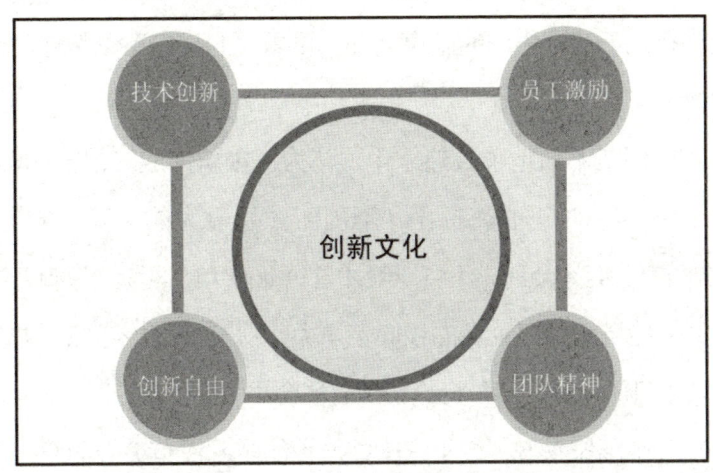

创新意识是华为成功的基石。在中国，华为是少数几个在创立之初就重视创新的企业。任正非把创新看作企业的灵魂，是使企业产生核心竞争力和保持企业核心竞争优势的至关重要的因素。

任正非说道："我去过美国很多次，美国人民的创新机制与创新精神留给我很深的印象。他们连玩也大胆去创新，一代一代人的熏陶、传递，一批又一批的移民带来了不同文化的冲击、平衡与优化，构成了美国的创新文化。"

创新是企业成长的动力和跳板，很多国际知名企业都将创新文化作为公司的首要战略。它们认为,创新文化不单包括技术创新,同时还有员工激励、团队精神、创新自由等因素。西门子董事兼集团技术副总裁 Claus Weydch 在谈到创新文化的重要性时,指出:"员工的优秀表现是西门子取得成功的基石。优秀不仅仅体现在对技术本身的掌握程度,更多地关系到动机和主动思考等个人品质相关的因素。我认为好的工作环境能大大激发人们的创造热情,这个环境除了有乐于相互协作的同事之外,更重要的是它可以帮你实现自己的想法。"

在对创新不断地孜孜追求中,华为对创新形成了自己的观点。早在 1998 年,任正非就提出"不创新才是最大的风险"的论点。"在实践中我们体会到,不冒风险才是企业最大的风险。只有不断地创新,才能持续提高企业的核心竞争力,只有提高核心竞争力,才能在技术日新月异、竞争日趋激烈的社会中生存下去。"

对一个国家来说,如果它支柱产业的技术没有突破创新,那么这个国家很难说富强。对一个高新技术公司来说,如果它没有核心技术和原创设计,那么它一定不会有未来。

回顾华为的发展历程,任正非深刻体会到,没有创新,要在高科技行业中生存下去几乎是不可能的。在这个领域,没有喘气的机会,哪怕只落后一点点,都将意味着逐渐死亡。

"过去人们把创新看作是冒风险,现在不创新才是最大的风险。江泽民同志说'创新是民族之魂'。社会上对我们有许多传闻,为我们的经营风险感到担忧,只有我们自己知道我们实际是不危险的,因为我们每年在科研和市场的投入是巨大的,蕴含的潜力,远大于表现出来的实力,这是我们敢于前进的基础。公司十分注重内部管理的进步。我们把大量的有形资产变成科研成果和市场资源,虽然利润暂时下降了,但竞争力实际上增强了。"

从创业之初,任正非押上华为的全部家当全力开发自己的交换机,到 20 世纪 90 年代末豪赌 3G,都充分体现了他追求创新的高涨热情。

华为每年提取大于销售收入的 10% 用于研究开发,继续把最优秀的人才派往市场与服务前线,通过技术领先获得机会窗的利润,又将利润用于研发,带动更多的突破。

创新是企业生命活力的体现,正像华为研究室墙上的标语所说:新产品在我们手中,质量在我们手中,企业美好的明天在我们手中。华为实现产品跨越式发展、市场份额不断提高的关键在于推动全球化研发战略和先进的研发管理,不断进行技术创新和长期注重知识产权的积累与保护。2013 年华为实现全球销售收入人民币 2390 亿元,同比增长 8.5%,实现净利润 210 亿元,同比增长 34.4%。在研发上,华为 2013 年投入达到 307 亿元,约合 51 亿美元,同比增长 3.1%,占全年销售收入的 12.8%。近 10 年华为累计研发投入超过 1510 亿元。华为进行产品与解决方案的研究开发人员约有 7 万名(占公司总人数的 45%),并在德国、瑞典、英国、法国、意大利、俄罗斯、印度及中国等国家设立了 23 个研究所。华为还与领先运营商成立了 34 个联合创新中心,把领先技术转化为客户的竞争优势和商业成功。2014 年上半年,华为实现销售收入 1358 亿元,同比增长 19%,双位数增长仍在持续。

"信息产业进步很快。它在高速发展中的不平衡,就给小公司留下了许多机会。不像一些传统产业,如飞机制造,它的设计理论已进入经典热力学,大公司充满了经验优势,而且数十年来,他们申请了无数的专利,使这种优势法律化。绕开专利,制造成本就会很高。小企业没有竞争力,完全购买人家的专利,如何能够超越?没有一场技术革命,没有新的技术突破,想要超越这些传统公司,越来越困难。"

任正非指出,信息产业却不同,昨天的优势,今天可能全报废,天天都在发生技术革命。在新问题面前,小公司不明白,大公司也不明白,大家是平等的。

人才是一个企业赖以发展的智力支持,也是创新的主体,是华为开启创新之门的钥匙。所以,在任正非看来,创新与企业成长其实是一个良性循环。

此外,在任正非看来,创新的内容不仅体现在技术上,而且还体现在管理上。华为引进的一系列与国际接轨的 IPD、ISC 流程与 KPI 体系,就是其实现管理创新的一个集中体现。

核心竞争力对一个企业来讲是多方面的,技术与产品仅仅是一个方面,而管理与服务的进步远远比技术进步更重要。任正非深深地体会到这一点。没有管理,人才、技术和资金就形不成合力;没有服务,管理就没有方向。

"管理的创新对高科技企业来说,比技术创新更重要。华为在发展中还存在很多要解决的问题,我们与西方公司最大的差距在于管理。4 年前华为公司提出与国际接轨的管理目标,同时请来西方顾问在研发、生产、财务、人力资源等方面长期合作，在企业的职业化、制度化发展中取得进步，企业的核心竞争力得到提升，企业内部管理开始走向规范化运作。"

第二节 要走技术独立的路

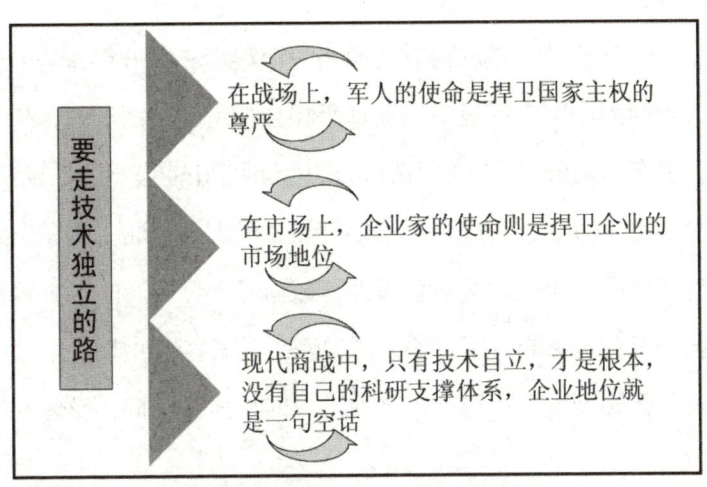

任正非坚信，在现代商战中，只有技术自立，才是根本，没有自己的科研支撑体系，企业地位就是一句空话。没有自己的科技支撑体系，工业独立是一句空话，没有独立的民族工业，就没有民族的独立。

任正非表示，外国人到中国是为赚钱来的，他们不会把核心技术教给中国人，而是指望我们引进，引进，再引进，企业始终也没能独立。以市场换技术，市场丢光了，却没有哪样技术被真正掌握了。而企业最核心的竞争力，其实就是技术。

任正非认为，在战场上，军人的使命是捍卫国家主权的尊严；在市场上，企业家的使命则是捍卫企业的市场地位。而现代商战中，只有技术自立，才是根本，没有自己的科研支撑体系，企业地位就是一句空话。"我国引进了很多工业，为什么没有形成自己的产业呢？关键核心技术不在自己手里。掌握核心，开放周边，使企业既能快速成长，又不受制于人。"

任正非选择的"技术自立"道路异常艰难。1988年，华为成立伊始，当时的中国电信设备市场几乎完全被跨国公司瓜分，初生的华为只能在跨国公司的夹缝中艰难求生。用任正非自己的话说："华为成立之初十分幼稚，选择了通信产品，没想到一诞生就在自家门口遭遇了国际竞争，竞争对手是拥有数百亿美元资产的世界著名公司。要是没有国家的政策保护，华为公司是很容易被摧毁的。""华为是由于无知而踏入信息技术产业。当时是孤注一掷，没想到打个正着。"

通信行业的竞争如此残酷，不发展就灭亡。没有退路的任正非只有孤注一掷，研发属于自己的核心技术。

1992年任正非先后将1亿元投入到研制数字交换机上。任正非清楚地知道，这一役只能胜不能败。在动员大会上，任正非站在5楼会议室的窗边对全体干部和技术人员说：

"这次研发如果失败了，我只有从楼上跳下去，你们还可以另谋出路。"

任正非这种置之死地而后生的做法，使华为人下定决心，一定要推出华为自己的数字交换机，为公司的生存和发展杀出一条希望之路。

任正非在其题为《华为的红旗到底能打多久》的内部讲话中说道："公司一万五六千员工中，从事研发的有七八千人。而且四五千名市场人员，又是研发的先导与检验人员。从客户需求、产品设计到售后服务，公司建立了一整套集成产品开发的流程及组织体系，加快了对市场的响应速度，缩短了产品开发时间，产品的质量控制体系进一步加强。在硬件设计中，采用先进的设计及仿真工具，加强系统设计、芯片设计、硬件开发过程质量控制体系、测试体系的建设，并在技术共享、模块重用、器件替代等方面加大力度。尤其是代表硬件进步水平的芯片方面，我们进行了巨大的投入。目前，公司已经设计出40多种数字芯片，几种模拟芯片，年产500万片。设计水平也从0.5微米，提升到0.18微米。拥有自主知识产权的芯片，极大地提升了硬件水平，降低了系统成本。"

任正非要走技术独立的路，创业初期的研究人员与生产人员的比例就高达5∶2。

截至2013年12月31日，华为累计申请中国专利44168件，外国专利申请累计18791件，国际PCT专利申请累计14555件，累计共获得专利授权36511件。

科学的进步总是超出人们的想象。华为技术的突破能力也大大超出了国内外业界的预期。华为的技术研发经历了从模仿到跟进，到并行，到适度领先、超越的过程。在这一过程中，坚持自主研发是前提，巨额资金投入是保证。

第三节 "压强原则"

从做代理商那天起，任正非就希望做出自己的产品，这种渴望成为华为涉足自有技术开发的原动力。任正非一开始就给华为定下了明确目标：紧跟世界先进技术，立足于自己的科研开发，目标是占领中国市场，开拓海外市场，与国外同行抗衡。"研发成功，我们都有发展；如果研发失败，我只有从楼上跳出去。"任正非最初的选择充满了悲壮。接下来一年时间里，华为用去全部"家当"投入研发。华为北京研究所路由产品线总监吴钦明在接受《商务周刊》采访时说道："华为选择技术生存，意味着华为把所有资源投入到一个箩筐中，不会留给自己太多的退路。"

志存高远的华为义无反顾地把代理所获的微薄利润，点点滴滴都放到小型交换机的自主研发上，从局部突破，逐渐取得技术的领先，继而带来利润；新的利润再次投入到技术研发中，周而复始，心无旁骛，为今后华为的品牌战略奠定了坚实的技术基础。

任正非表示："我们把代理销售取得的点滴利润几乎全部集中到研究小型交换机上，利用压强原则，形成局部的突破，逐渐取得技术的领先和利润空间的扩大。"

20世纪90年代初,在资金技术各方面都匮乏的条件下,华为咬牙把鸡蛋放在一个篮子里,依靠集体奋斗,群策群力,日夜攻关。为了将有限的资源集中到产品研发,绝大部分干部、员工常年租住在深圳关外的农民房里,拿着很微薄的工资,还经常把收入又重新投入到公司,以用来购买原材料、实验测试用的示波器等等。

即使如此,华为北京研究所从1995年成立到1997年前,一直处于漫长的积累期,其间没有什么重大的研究成果。但是,任正非一直给予大力支持,投入巨大。每年投入8000万元乃至上亿元的资金用于技术开发,不惜冒"将全部鸡蛋装在一个篮子里"的风险,将所有的人力、财力、物力投入到通信这个技术密集、资金密集的产业中去。现在,华为一直坚持把每年收入的10%投入到研发中去,尽管如此,华为还是难以在企业网络的全线产品全面出击。于是,华为选择了"逐个击破"的原则,也就是华为所说的"压强原则"。任正非表示:"以超过主要竞争对手的强度配置资源,要么不做,要做就极大地集中人力、物力和财力,实现重点突破。"

"华为知道自己的实力不足,不是全方位地追赶,而是紧紧围绕核心网络技术的进步,投注全部力量。又紧紧抓住核心网络中软件与硬件的关键中的关键,形成自己的核心技术。在开放合作的基础上,不断强化自己在核心领域的领先能力。"

事实证明,整个策略非常有效。1994年,华为终于拿出了自己研制的第一台通讯设备——C&C08,此设备是可以应用于国家高层网络的万门机。很快,华为获得第一批订单——江苏省邳州约4000

门的程控电话系统。在随后的北京通信展览会上，华为凭借C&C08将国内同类厂商远远地抛到了身后。

作为国内通信网的核心设备，C&C08交换机在网络的各个层面获得应用，广泛应用于国际局、长途局、汇接局、关口局、市话端局、专网和商业网等。华为C&C08交换机为全球通信网建设作出了卓越贡献。至今，C&C08依然对华为有重大的市场贡献。

著名企业战略专家姜汝祥认为，在技术条件有限的情况下，更多的国内厂商宁愿选择跨越较低的技术门槛。这样做市场进入成本低，收益快。照此推理，华为开发万门交换机为远期性市场做准备，而在短时间内可能失去与巨龙等公司的竞争能力。然而，对于华为来说，万门交换机意味着远近兼收。此后，华为在技术研发上始终保持着优势。自此，华为摆脱了其他上百家国内小型电信设备商的纠缠，走上高速发展的道路。

1999年，华为Quidway A8010接入服务器获得成功，2000—2001年两年时间，华为Quidway路由器在高、中、低端市场全面确立领先地位。接入服务器和路由器的成功不仅给了华为充分的信心，也给他们赢得了品牌、渠道等各方面的资本。那时候，任正非自信地说："10年之后，世界通信行业三分天下，华为将占一份。"

华为之所以能竞争过国内的同业者，是因为华为总是集中优势资源突破一两个产品，而一些被华为超越的对手由于按项目核算，部门之间互不往来，资源分散了，很难在某些产品上突破。

到今天，华为已经跻身于世界少数几家能够提供CAC08-STP数字程控交换机设备的巨头行列。

第八章　不创新是最大的风险

在华为国际化扩张之前，华为与国内竞争对手的差距还不是很大，基本上处于一个量级。而进入2000年之后，随着华为在国际市场全面突破，差距迅速拉大。

第四节 持之以恒的研发投入

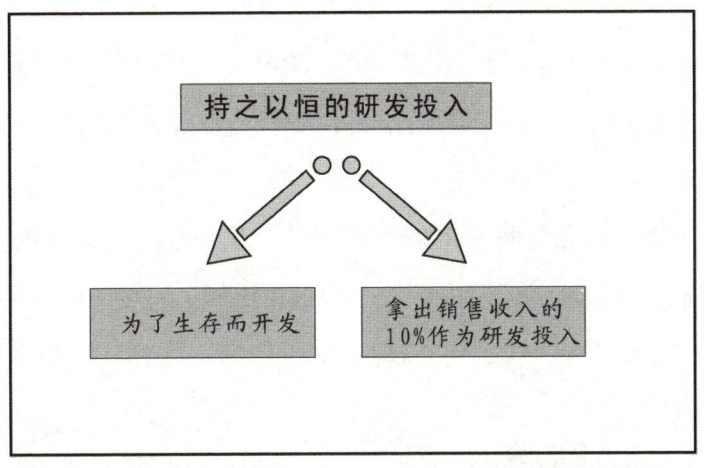

WIPO（世界知识产权组织）公布2009年国际专利申请（公开量）数据，中国专利申请量排名较2008年提高一位，居第五位，且数量增长极快。受国际金融危机影响，2009年全球专利申请量30年来首次下降，但中国申请量却逆势上涨，同比增长30%左右，增速居世界各主要国家之首。华为更成为2009年全球专利增幅最大企业之一。

通信行业的一个本质规律是，谁掌握了核心技术，谁就掌握了市场竞争的战略高地。唯有立于核心技术这个战略高地，才可以江河高下，势不可挡。

要想掌握核心技术，就必须加大在研发方面的投入。在国外，一般科技企业研发投入平均水平为销售额的10%左右。例如，2002年，英特尔公司研发支出40亿美元，占其销售额的12%；2003年阿尔卡特的研发支出为18亿美元；西门子为22亿美元；IBM每年约有60亿美元投入到研发中。在研发投入上的领先也导致了这些国际企业能够在科研领域保持领先地位。相比之下，我国大多数企业的研发投入却少得可怜。2007年在中国百家电子信息百强企业中研发投入也仅为销售收入的3.9%，只有21家企业的研发投入超过销售收入的5%，华为是其中之一。

"因通信设备行业具有技术升级快的明显特点，持续的研发投入不可避免。即使在低谷时期，华为公司也保障了销售收入10%以上的研发投入。"在2005年的全国信息产业工作会议上，华为公司有关负责人这样说。

2001年，联想总裁杨元庆来华为参观时，表示联想要加大研发投入，做高科技的联想，华为总裁任正非以一位长者的口吻对他说："研发可不是一件容易的事，你要做好投入几十个亿，几年不冒泡的准备。"

联想董事长柳传志的另一员爱将神州数码首席执行官郭为，也曾经到华为向任正非"取经"。任正非则劝他根本不要做研发："你

第八章 不创新是最大的风险

不要做研发，研发没有什么用，你的长项不是做市场吗？你把销售做好了，我的产品研发出来都交给你来卖。"郭为问任正非原因，任正非回答说："研发，你要做就得大做，你要是小打小闹还不如不做，因为做这个东西是很费钱的一件事。"

为了生存而开发

任正非曾这样说道："华为最基本的使命就是活下去。技术开发的动力是为了生存。"

在高科技领域，拥有自己的核心技术，才可以自主，才有竞争优势。任正非说："为了拓展明天的市场，每年从销售额中提取10%作为研究经费，紧紧抓住战略发展不放。1996年研究经费达1.8亿元。1997年会达3亿～4亿元，本世纪末（20世纪末）会达8亿～10亿元。只有持续加大投资力度，我们才能缩短与世界的差距。"

1996年，华为在开发上投入了1亿多元资金，年终结算后发现，开发部节约下来几千万。任正非知道后说了一句话："不许留下，全部用完！"开发部最后只得将开发设备全部更新了一遍，换成了最好的。

1997年，任正非前往美国考察。IBM公司、贝尔实验室、惠普公司等国际著名公司对产品研发的重视程度给任正非留下了深刻印象。任正非在其文章《我们向美国人民学习什么？》中写道："IBM每年约投入60亿美元的研发经费。各个大公司的研发经费都在销售额的10%左右，以此创造机会。我国在这方面比较落后，对机会的认识往往在机会已经出现以后，做出了正确判断，抓住机会，形成了成功，华为就是这样的。而已经走到前面的世界著名公司，他们是靠研发创造出机会，引导消费。他们在短时间内席卷了'机会窗'的利润，又投入创造更大的机会，这是他们比我们发展快的根本原因。"华为1998年的研发经费将超过8亿元人民币，并正在开始搞战略预研与起步进行基础研究。

任正非始终坚持这样一个观点："只有持续加大投资力度，我们才能缩短与世界的差距。"

拿出销售收入的 10% 作为研发投入

1998年，任正非还将"拿出销售收入的10%作为研发投入"这一原则写进了公司纲领性文件——《华为公司基本法》中，并作为华为七大核心价值观中很关键的一条。任正非在其题为《华为的红旗到底能打多久》的内部讲话中说道：

"我们始终坚持以大于10%的销售收入作为研发经费。公司发展这么多年，员工绝大多数没有房子住，我们发扬的是大庆精神，先生产、后生活。而在研发经费的投入上，多年来一直未动摇，所有员工也都能接受，有人问过我，'你们投这么多钱是从哪儿来的'，实际上是从牙缝中省出来的。我们的发展必须高于行业平均增长速度和行业主要竞争对手的增长速度。公司过去每年以100%的增长速度发展，以后基数大了，肯定速度会放慢，那么以怎样的速度保持在业界的较高水平，这对我们来说是个很大的挑战。"

第八章　不创新是最大的风险

任正非表示，只有高投入才有高产出。"我们的成本比兄弟厂家高，因为科研投入高、技术层次高。科研经费每年8000万元，每年还要花2000万元用于国内、国外培训和考察，重视从总体上提高公司的水平。这种基础建设给了我们很大的压力。但若我们只顾眼前的利益，忽略长远投资，将会在产品的继承性和扩充性上伤害用户。"

二十几年如一日，在研发方面，华为保持了持续的高投入，华为坚持以不少于销售收入10%的费用和43%的员工投入研究开发，并将研发投入的10%用于前沿技术、核心技术及基础技术的研究。投入强度之高，当属中国公司之最。

2001年英特尔执行副总裁魏德生访问华为，当听说华为的研发人员超过10000人的时候他不由得大吃一惊——华为的研发人员居然比英特尔这个视技术为生命的公司还多。任正非在北京市电信管理局和华为公司C&C08交换机设备签订仪式上说道：

"华为能在中国激烈的通信市场竞争中和与世界电信巨子的较量中脱颖而出的原因，除了坚持以顾客为导向，拥有令人赞叹的产品可靠性记录外，最重要的是它对研究开发的高度重视。"

根据全球最具权威性的IT研究与顾问咨询公司Gartner的统计，华为在通信业最不景气的2002年，投入研发的资金占总营业额的17%。这一比例比诺基亚、阿尔卡特和思科还高。正是华为在研发和技术上的长远储备，为其走向海外打下了坚实基础。

如今的华为，在技术方面已经步入国际一流通信公司的行列，华为的技术积累，使其有实力向通信产业链条的中央靠拢，并有能力在国际中获得更多的机会。就在 2008 年 9 月 3 日，根据统计，华为已经成为世界拥有专利数量第四的企业集团。

华为无线产品线总裁万飚表示："华为从来都不是一个机会主义者，我们深知只有掌握了核心技术，才能在市场上达到真正的飞跃。"万飚认为坚持不懈的投入和努力成就了华为在 WCDMA 上今天的成就。目前华为已经进入了几乎所有主要 WCDMA 市场，并且份额还在不断扩大。

第五节 "技术市场化"

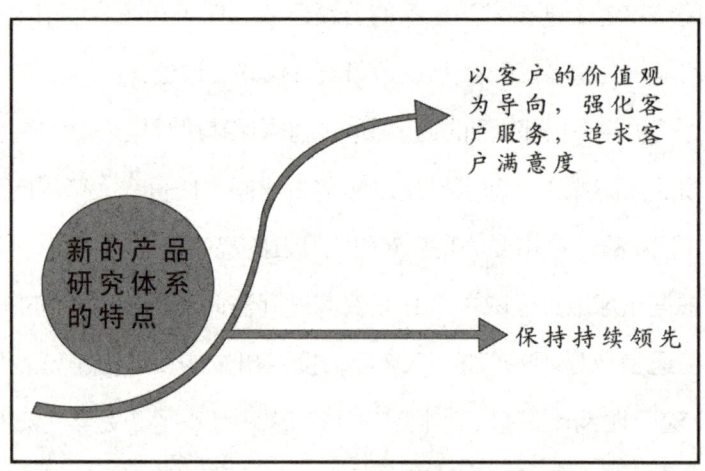

在自主研发上的出类拔萃，使华为在通讯领域激烈的市场竞争中始终立于不败之地，并且得到了高速的发展。在一片大好的形势

下，任正非却看到了华为在技术研发中存在的隐患：一些华为研发人员醉心于对最好最新技术的追求，却往往忽略了客户的真正需求。在一次工作汇报会议上，任正非指出华为的研发人员不贴近市场，不考虑其研发成果是否能得到市场的认可，有闭门造车之嫌。于是他提出了"技术市场化、市场技术化"的口号。

"技术市场化，市场技术化"就是技术的创新要适应市场的变化。对技术公司来说，贴近市场进行研发是必须的，只有这样才能保证研发成果转化成产品，并被广泛采用，从而产生收益。

任正非强调，为了使华为摆脱低层次上的搏杀，唯有从技术创造走向思想创造。"杂志、资料不能产生思想创造，只有用户需求才能产生。所以我们动员公司有才干、有能力的英雄豪杰站出来，到市场前线去了解用户的需求。"

为避免研发人员只追求技术的新颖、先进而缺乏市场敏感，华为公司硬性规定，每年必须有5%的研发人员转做市场，同时有一定比例的市场人员转做研发。任正非在其题为《狭路相逢勇者生》的演讲中谈道："新的产品研究体系的特点：一要保持持续领先；二要以客户的价值观为导向，强化客户服务，追求客户满意度。"

研发战略调整之后，华为与客户之间的关系由原来的华为有什么好产品，客户需不需要，转变为客户需要什么，华为来开发。这样应客户需求而进行的研发不仅使华为更加贴近客户，有效提高客户忠诚度和满意度，更直接影响了企业利润。

2002年6月和7月，任正非在公司研委会会议、市场三季度例会上说："如果死抱着一定要做世界上最先进的产品的理想，我们就饿死了,成为了凡·高的《向日葵》。我们的结构调整要完全以商业为导向,而不能以技术为导向,在评价体系中同样一定要以商业为导向。"

这里的"商业导向"是指客户需求。至今,华为展厅上展示的两句话仍是:"产品发展的路标是客户需求导向;企业管理的目标是流程化组织建设。"这已经成为华为创新的核心价值观。

对此,任正非提出"从对科研成果负责转变为对产品负责"的口号。他解释说:"现在在座的所有的人都必须对产品负责,产品犹如你的儿子,你会不会只是关心你儿子的某一方面?你不会吧。一个产品能生存下来,最重要的可能不是它的功能,而只是一个螺丝钉、一根线条,甚至一个电阻。因此,需要你对待产品也像对待你的儿子一样。"

没有了市场压力,就没有了华为。任正非希望通过市场压力的传递,使内部机制永远处于激活状态,永远保持灵敏和活跃。

为了使华为的研发人员能够铭记"从对科研成果负责转变为对产品负责"这句话,2000年9月1日,华为在深圳市体育馆召开了一场特殊的"颁奖大会",参加者是研发系统的几千名员工。任正非将那些因为研发失误造成的呆死物料,以及由于产品的质量问题经多次维修所产生的往返飞机票装裱在镜框里,作为"奖品"发给在场的研发骨干。几百名研发骨干被一一点名到主席台"领奖",每一个"获奖者"都面红耳赤,台下一片唏嘘。任正非要求这些"获奖者"要把"奖品"带回家,放到客厅最显眼的地方,每天都看一看。

就此，任正非说："每人一包，你可拿到市场去卖，请你回答，我们这些累计上亿元的呆滞物料是怎么产生的？就是你们一笔一画不认真产生的。这么多的呆滞物料，经过这么大努力的处理还有数千万元是不能利用的，几千万元啊！我们有多少失学儿童，就是因为少几毛钱、少几块钱不能上学，这要让我们每一个研发人员铭记在心。"

"我建议'得奖者'将这些废品抱回家去，与亲人共享。今天是废品，它洗刷过我们的心灵，明天就会成为优秀的成果，作为奖品奉献给亲人。牢记这一教训，我们将享用永远。"

"华为公司实行低成本战略，其实我们的产品成本并不高，而是研发浪费太大！浪费就是马虎、不认认真真……我们要真真实实地认识到我们所存在的问题，我们的最大问题就是上次在中研部提到的问题——幼稚，一定要反掉幼稚。我们必须从现在开始就要反掉幼稚。"

任正非将闭门造车、自以为是的研发态度归结为"幼稚"，认为这是一种刻意为创新而创新，为标新立异而创新的表现。任正非要求华为全体员工要牢记：华为大力倡导创新，创新的目的是什么呢？创新的目的在于确保所创新的产品拥有高技术、高质量、高效率、高效益。从事新产品研发未必就是创新，从事老产品优化未必不能创新，关键在于一定要从对科研成果负责转变为对产品负责，要以"全心全意对产品负责，实现全心全意为顾客服务"作为华为的企业宗旨。

任正非表示，即客户需要什么我们就做什么。卖得出去的东西，或领先市场一点的产品，才是客户真正的技术需求。超前太多的技术，当然也是人类的瑰宝，但必须以牺牲自己来完成。2000年，IT泡沫破灭的浪潮使世界损失了数十万亿美元的财富。从统计数据可以得出，那些破产的企业，不是因为技术不先进，而是技术先进到别人还没有完全认识与认可，以致没有人来买它的产品。所以华为人都达成一个共识：技术只是一个工具。新技术一定要满足质量好、服务好、成本低的要求，不然就没有商业意义。

第九章

走出去，活下去

|任正非|

HUAWEI'S WINTER

华 为 的 冬 天

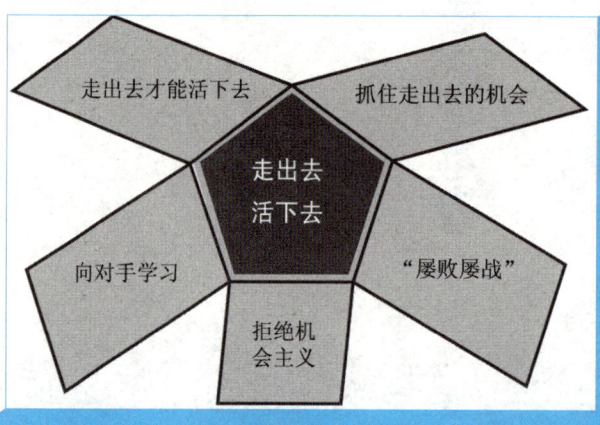

第九章 走出去，活下去

第一节 走出去才能活下去

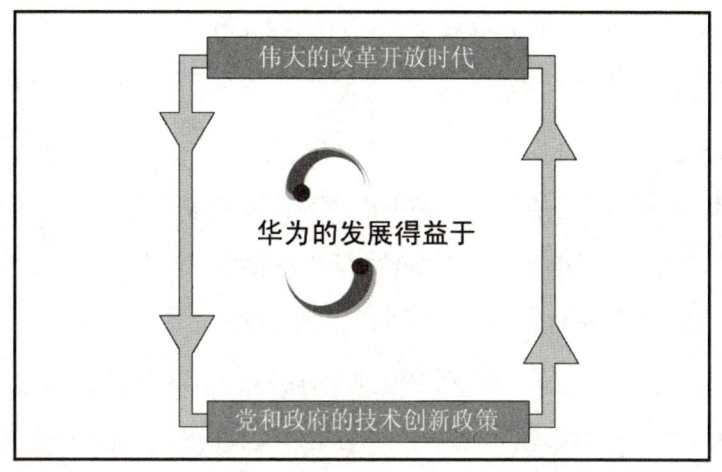

战略管理大师迈克尔·波特曾经说过：21世纪只有两类企业，一类是国际化的企业，另一类是被淘汰的企业。也许这种说法过于绝对，但国际化将成为中国企业发展壮大的必由之路。

所谓国际化，是针对本土化而言的，就像白天是针对黑夜而言，快乐是针对痛苦而言。什么人最渴望白天？当然是在黑夜中的人。什么人最渴望快乐？当然是在经历痛苦的人。什么公司最渴望国际化？一定是那些正在经历着本土化痛苦的人。

中兴通讯总裁殷一民说："国际化战略是企业生存发展之路，势在必行。通信市场是一个高度全球化的市场，无论在哪里都会面临来自国际巨头的直接竞争。而且，中国市场虽然绝对规模不小，但要想寻求更大的市场空间，要成为国际卓越的通信制造企业，必须在全球范围配置资源，在竞争中不断积累自主创新的竞争实力。"

海尔集团董事局主席兼首席执行官张瑞敏曾说："如果不国际化，风险可能更大。"张瑞敏认为，"中国企业已经到了一个没有后路可退的阶段，可能很多企业还没认识到这点。尤其是对两个一体化认识：国内国外市场一体化、国内国外竞争对手一体化。我国企业其实已完全置于全球经济一体化的竞争当中了，你在国内碰到的对手，在国际上也会碰到。你很难说我在国内做得很优秀，就可以高枕无忧了。目前如果还在争论做品牌和做代工（OEM），谁更适合中国目前企业的话，那就显然没看到问题的本质。其实，无论做品牌，还是做代工，你都必须做到世界级的水平，才能体现你的竞争力！即使是做螺丝的中小企业，如果能做到世界份额的20%以上，那也是世界级的竞争力。台湾做笔记本电脑代工，已经占到全球份额的60%，这就是代工的名牌。"

相较于人们对企业多元化的诟病，国际化却总是备受推崇，"走出去"一直是中国企业家孜孜不倦追逐的梦想。于是，中国企业的国际化步伐不断加快，跨国并购的大戏也不断上演。2004年"国际化"浪潮中，通过规模并购，联想快速地完成了惊险一跃，联想在并购IBM PC业务后最终成为全球PC的第一名。

对华为而言，走出去就是机会，这是一个简单而朴素的道理，但其中的艰辛，付出的努力、勇气和毅力却是外人很难体会的。

第九章　走出去，活下去

2003年，全球最具权威的IT研究与顾问咨询公司Gartner的时任亚太区副总裁Robin Simpson在报告中告诫国内的电信制造企业：仅仅靠国内市场，将来是危险的。因为将来不会有仅仅依靠区域市场存在的电信设备商，所有的电信设备商都必须是国际化的。

实际上，早在1994年，当华为自主开发的数字程控交换机刚刚打开中国市场时，任正非就预感到未来中国市场的竞争一定十分惨烈。市场很快就证实了任正非的预言。

1995年，中国通信市场竞争格局发生巨变。通信设备的关税相对较低，因而令国内、国际市场的竞争态势空前激烈。一方面，国际市场萎缩直接威胁中国企业国际市场的拓展；另一方面，国际通信设备巨头在国外出现需求紧缩的情况下不可避免地把刚起步的中国市场作为其攫取的目标，以此来弥补他们在其他市场的颓势，这势必给华为等国内企业造成很大的竞争压力。

当时华为的主打产品的国内市场份额不断增长，其主要产品均已超过30%。1998年，华为的销售额比1995年增长了6倍，达到了89亿元。更为重要的是，华为已经基本实现了"农村包围城市，最终夺取城市"的战略目标，华为的核心产品已经进入了国内所有发达省份和主要城市。华为第一次成为了国内企业的老大。但即使是在国内市场，华为这位国内企业中当仁不让的老大，与国际厂商相比仍然有相当大的差距。正如任正非在其文章《创新是华为发展的不竭动力》中所写的：

"华为的发展得益于伟大的改革开放时代，得益于党和政府的技术创新政策。华为发展的十年时间，正是祖国经济大发展，人民生活不断改善，信息消费不断增长的时期，这为华为提供了生存与发展的空间。离开了时代的进步和社会经济环境的改善，华为纵有技术进步也难以生存。

"同时，这十年，也是西方著名公司蜂拥进入中国的十年。其实他们不仅是竞争者，更是老师与榜样。他们让我们在自己的家门口遇到了国际竞争，知道了什么才是世界先进。他们的营销方法、职业修养、商业道德，都给了我们启发。我们是在竞争中学会了竞争的规则，在竞争中学会了如何赢得竞争。世界范围内的竞争者的进步和发展咄咄逼人，稍有松懈，差距就可能再次拉开；而且国内同行的紧紧追赶，使我们不敢有半点惰怠，客观上促进了我们的快速进步。"

可以看出，当时华为已经开始思考，一旦国内市场萎缩，企业将何去何从。任正非认为，只有走出去才能活下去。20世纪90年代中期，在与中国人民大学的教授一起规划《华为公司基本法》时，任正非就明确提出，要把华为做成一个国际化的公司。与此同时，华为的国际化行动就跌跌撞撞地开始了。这显示了任正非的前瞻眼光和远大战略。但是在当时很多人看来，华为要走向国际化不过是痴人说梦。

华为前人力资源副总裁吴建国认为华为国际化是无法绕过的门槛。他分析道："中国加入WTO以后，国际化愈加成为中国企业发展进程中无法绕过的门槛。而华为提早将国际化作为自身发展的重点，还有其他因素的考虑。从华为所在的电信设备市场来看，进入21世纪之后，虽然移动通信与宽带网络市场仍有比较快速的增长，但中国的电信设备市场的总体发展速度已明显放缓,中国电信运营商固定资产的投资,从1996年到2000年24.9%的年平均增长率,快速下降到2000年到2002年的2.1%的年平均增长率(资料来源:CCIC),华为、上海贝尔(阿尔卡特控股之前)、中兴三家公司作为中国国内的主要设备供应商,占据了传统电信设备市场(份额)的一半以上。特别是华为,其主打产品交换机、接入网、光网络、智慧网、接入服务器等的国内市场份额都已超过30%。但大家都已清楚地认识到,随着市场增量的减小,在传统产品市场上,收入与利润的增长已经变得异常困难,因此,电信设备市场的龙头厂家,必须在战略上做出调整,以维持自身的持续发展。三家公司都开始加大新产品的开发力度,但真正的差异还是在战略发展路径上。"可以看出,国内电信设备生产厂家面临的困境。

《华为公司基本法》起草者之一吴春波分析道:"华为进入国际市场不是短期的投机行为,而是基于公司'活下去'的基本目标,在华为,'活下去'与'走出去'是紧密联系的,要活下去,就必须走出去,而只有走出去,也才能活下去。可以讲,华为的国际化是以生存为底线的国际化,是以活下去为目标的国际化,因而在国际化道路上,华为走得非常执著和坚定。"

为了活下去,任正非跳出通信业看世界大势。1995年,任正非看到将来不会有仅仅依靠区域市场生存的电信设备商,所有的电信设备商都必须是国际标准化的。

于是从1996年,华为就开始了国际化布局。为了开拓国际市场,华为在8年时间内投入人民币100亿元!1998年华为更明确制定了双线战略：在保持国内领先地位的同时，迅速拓展国际市场。

虽然1997年、1998年刚涉足国际市场的华为也的确没有过多的业绩亮点，到1999年时，华为的海外业务收入占其总营业额还不到4%。但是，在2001年国内通信运营商分拆，华为面临着企业发展历史中一个重大困境时，海外业务的迅速增长却成为华为走出"冬天"的关键因素之一。

2001年，任正非在欢送海外将士出征大会上说道："随着中国即将加入WTO，中国经济融入全球化的进程将加快，我们不仅允许外国投资者进入中国，中国企业也要走向世界，肩负起民族振兴的重担。"

"在这样的时代，一个企业需要有全球性的战略眼光才能发奋图强，一个民族需要汲取全球性的精髓才能繁荣昌盛，一个公司需要建立全球性的商业生态系统才能生生不息，一个员工需要具备四海为家的胸怀和本领才能收获出类拔萃的职业生涯。"

第二节 抓住走出去的机会

2001年，在20世纪90年代中一路高歌猛进的欧美IT企业，大多数陷入十年高速增长以来的首次业绩衰退，20世纪90年代的明星公司北电网络更是首现巨亏，欧美市场运营商纷纷收缩开支，设

第九章 走出去，活下去

备商们开始感受到来自外部的市场寒意的同时，也首次感受到了来自内部的成本压力。这让嗅觉灵敏的华为，闻到一丝市场的先机。

外部环境越是恶劣，竞争越是惨烈，对成本与服务能力的要求就越高，而这是"土狼"华为的优势。华为总裁任正非对当时局势的总结是："我们的队伍太年轻，而且又生长在我们顺利发展的时期，抗风险意识与驾驭危机的能力都较弱，经不起打击……不趁着短暂的领先，尽快抢占一些市场，加大投入来巩固和延长我们的先进，否则一点点领先的优势都会稍纵即逝，不努力，就会徒伤悲。我们应在该出击时就出击……我们现在还不十分危险……若3至5年之内建立不起国际化的队伍，那么中国市场一旦饱和，我们将坐以待毙！"

正如华为董事长孙亚芳在若干年后一次华为董事会工作报告中所说，跨国巨头林立的通信设备市场"过分依赖国内市场对公司来说是相当危险的"，纵览世界，没有一家专注于国内市场而成功的企业，因而国际化是华为的战略选择。

认识到这一点，华为在蛰伏海外市场三年之后，开始发出猛烈攻击的炮火声。2001年1月，任正非在公司"欢送海外将士出征大会"上发表了那篇著名的《雄赳赳，气昂昂，跨过太平洋》的讲话，他如此说道："总是在家门口争取市场，市场一旦饱和，将如何去面对。我们没有像朗讯等那样雄厚的基础研究，即使我们的产品暂时先进也是短暂的，不趁着短暂的领先，尽快抢占一些市场，加大投入来巩固和延长我们的先进，否则一点点领先的优势会稍纵即逝，不努力，就会徒伤悲。我们应在该出击时就出击。一切优秀的儿女，都要英勇奋斗，绝不屈服去争取胜利。"

华为利用了经济低迷带来的机会，从2001年以后提高了海外业务进攻的姿态。2001年，任正非在其题为《迎接挑战，苦练内功，迎接春天的到来》的演讲中谈道："我们现在要有精神准备，要振奋起精神来。海外情况非常好。今年独联体地区部、亚太地区部会在上半年开始有规模性的突破。大家知道今年（2001年）一季度我们出口大于内销，国内销售低于出口。当然国内是因为萎缩了一点，但是出口也涨得太猛了一点，与去年同期相比增长了357%。今年下半年后，我们认为中东、北非地区部要起来。昨天走在马路上，听了东太平洋地区部的汇报，今年也要销售7000多万美元。发达地区欧洲地区部我还没听汇报。去年（2000年）汇报比较保守的今年也起来了，我想明年（2002年）南美地区部也要起来，南美地区现在在做什么呢？到处在测试，到处在开实验局，这就是市场开始走向新的培育的迹象。"

"中东北非地区今年夏天可能起来。'9·11'后，常征坐不住了，本在公司还能工作半年，坐不住了，要回北美去。我对他说，'9·11'后大家不想坐飞机，开起会来，会议电视肯定就有市场，美国我想几十亿美元左右的市场可能还是存在的。我们的产品还是有一定竞争性的。最近孙总去访问了中东北非地区，以前中东是向西看，现在是向东看，东一看，就看到我们的交换机，看到我们的传输。所以说，我们在国内，为了抢一个2000万元的项目投入的力量是七八十人，而我们在国外，一个2000万元的项目还分配不了一个人，一个人同时得管好几个项目。我认为今年（2001年）中东北非地区会起来，去年（2000年）销到几千万，今年应该有相当大规模的增长。出口的利润还是很好的。智能网国内6元一线，国外15美元到40美元一线。还是要出口。我认为有必要动员大家，至少动员在座的部下，要输出一些到海外去，海外的进步是很大的。当时出来时，一些人认为公司不要他们了，把他们扔出来了，出来几年一看，感觉在海外的锻炼是很大的，进步很快，成长很快。这是客观事实。新的一年里，我们还会继续遇到困难，其实越困难时我们越有希望。也有光明的时候，因为我们自己内部的管理比较好，各种规章制度的建立也比较好。发生市场波折时，我们是最可能存活下来的公司，只要我们最有可能存活下来，别人就最有可能从这上面消亡。在人家走向消亡时，我们有两个原则，我们应该吸纳别的公司的好的员工，给他们以成长的机会。所以市场部的员工心胸要开阔，能包纳很多优秀员工进来；同时，在座的及你们的部下，要选派一些好的到海外去，加强对中东及好多国家的增兵，增加能量。大家要有新思维、新方法和创造性的工作及思维方法去改善这种市场的状况。"

第三节 "屡败屡战"

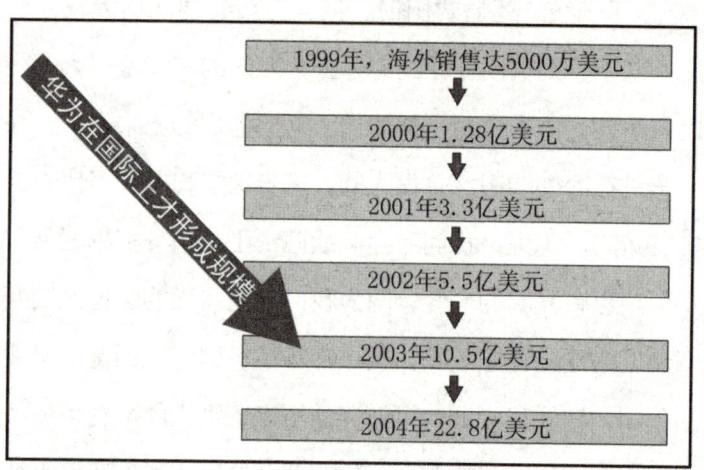

"屡败屡战"这个词在教育部成语词典修订本的解释是：相传曾国藩率领湘军与太平天国作战，屡吃败仗，曾国藩上书朝廷，言及屡战屡败，经李元度更改为"屡败屡战"，以显示其奋勇无畏的作战精神。后多比喻虽然屡次遭受挫折失败，仍然努力不懈。

曾国藩的典故是这样：当时他在带领部队讨伐太平天国初期战势失利，使其陷入绝望，投入江中，想以自杀谢罪或者说是洗辱，所幸被随从所救起。后在写给皇帝的报告中提到战况是"屡战屡败"，当时众人觉得不妥，经过商议，经李元度更改为"屡败屡战"。朝廷在看到奏章后，认为其勇气可嘉，没有处罚反而委以重任。原字未动，仅仅是顺序的改变，也使得曾国藩从中受到鼓舞，重整士气，最终攻破太平天国都城天京。原本败军之将的狼狈变为英雄的百折不挠。

第九章 走出去，活下去

华为在国际市场的奋斗，也正如曾国藩那样，"屡战屡败，屡败屡战"，"带着自己的品牌闯天下"。满怀激情的华为人豪迈地走向了世界，然而迎接他们的不是鲜花和美酒。开拓国际市场的艰难程度远远超出了华为人的想象。

1995年，华为开始走向海外市场。3年内华为有数十个代表团访问俄罗斯，前后数百人次；俄罗斯代表团也数次访问华为，但任正非认为，华为真正对俄罗斯了解多少，能否打开市场，仍然没有把握。任正非感叹道："梁国世（当时负责开拓俄罗斯市场的华为负责人）每天不断地喊话（通信不好，大声说话），嗓子像公鸭一样。而且孤身一人在俄罗斯工作了这么久。是这种不屈不挠的奋斗精神，支撑他们跌倒了再爬起来，擦干身上的泥水，又前进。是他们在一次一次的失败中，相互包扎好伤口，又投入战斗。"

刚开始的时候，华为在国际上的进展很不顺利，偶尔拿到一个几百万美元的订单，就足以让华为感到欣喜。尽管如此，华为还是执著地持续投入，执著地"屡败屡战"。因为华为人深深懂得，作为世界一流的设备供应商，不仅要有过硬的产品、技术和服务，还要有全球化的市场，特别是要拥有一批全球顶级的大客户。另一方面，顶级大客户的订单合同金额巨大，一旦获得，对于设备供应商的稳健和持续发展至关重要。

在国际化的初期，只要听说某国的电信运营商有项目招标，华为的销售人员必然赶去投标，但许多时候都是失败。不过正是在这些点点滴滴的积累中，华为的国际竞争经验逐渐丰富起来，发展策略也清晰了。华为开始选择一些重点市场重点突破，同时，频频参加世界各大通信展。此外,华为还积极参加国际组织,参与国际标准的讨论与制定。

华为公司常务副总裁徐直军在"中国高科技企业全球化战略研讨会"上,讲到了华为在国际化初期,从屡败屡战到零的突破:

1996年,年轻的华为确定了全球化战略。但是对于华为来说,除中国外,全球所有的国家和客户,所有的文化和环境,一切都是陌生的。当时华为公司绝大多数员工都很年轻,平均年龄是二十七八岁,基本上家庭条件也不是很好,没有出过国,国外什么样子基本不清楚。更为不利的是,当时世界上的许多国家对中国并不了解。在这种情况下,华为走出国门时主要选择南斯拉夫、俄罗斯、巴西、南非、埃塞俄比亚这些国家。但是在抵达这些国家后,华为的营销人员下了飞机以后也仅仅知道中国使馆在哪里,而客户在哪里根本无从谈起。每到一个国家,华为的销售人员首先得花半年的时间解决生存问题,即解决怎么生活的问题,然后再慢慢摸清客户在哪里。在这段时间里,相当多的营销人员在半年以上基本没有见到客户,即使知道客户的人在哪里,也是很难见到客户。

1996年,徐直军被派往俄罗斯开拓市场,但是在俄罗斯待了两周时间,根本就没有见到客户,只见到有可能成为合作伙伴的公司以及边缘的做支撑性工作的机构。徐直军至今很清楚地记得当时他见俄罗斯负责软件部门领导人时的情形,听说中国公司能够做交换机,俄罗斯人根本就不信,他们第一句话就说,俄罗斯根本不会用任何新的交换机,所以不可能和华为合作。当时徐直军带了交换机的两块电路板和自己设计的芯片,当他把电路板和芯片掏出来摆到

第九章 走出去，活下去

他们面前，看到中国的技术水平大大超出他们的预期和俄罗斯的水平时，这些俄国人震惊了。他们坐了下来，徐直军打开投影仪开始介绍产品，听完整个介绍以后，俄国人对华为的产品有了兴趣，后来华为进一步和这些机构联系，最终将华为的交换机卖到了俄罗斯。

当时为了见到客户，让客户认识华为，华为的销售人员采用了一个很"累"的方法，就是做标书，然后把标书送或者寄给客户。"我们当时最大的兴奋就是能够见到客户。其实我们心里也清楚，这些标书送过去不可能中标，因为我们连客户的面都没见过。但是，我们当时希望，标书发过去以后，客户会读我们的标书，通过读我们的标书可能会了解华为，了解华为的产品，这样我们再和他们接触的时候，他们会对华为有一个基本的印象。"徐直军说。事实证明，这种方法是很有效的。

1999年8月，坚持不懈的华为终于迎来了国际市场上零的突破，而且还是个双喜临门——华为在也门和老挝正式中标。

很早以前，任正非就表示"国际市场拒绝机会主义"，对华为而言，国际化是个长期投入的过程，华为国际化是实在投资，目标明确，与只想捞一把就走的公司有着本质的区别。

华为从1996年开始拓展俄罗斯市场，开头几年因为俄罗斯宏观经济不好，卢布贬值，总统普京从各方面开始整顿经济，一些国际大的电信设备制造商因为看不到短期收益而退出了俄罗斯市场。但是，华为却坚持了下来，并且抓住俄罗斯电信市场新一轮的采购机会，经过8年的蛰伏，最终成为俄罗斯市场的主导电信品牌。2003年华为在俄罗斯及周边独联体市场实现销售额超过3亿美元，俄罗斯分公司 90% 的员工都来自当地。

　　事实上，直到 1999 年，华为在国际上才形成规模，并建立大的营销和服务网络，该年度华为公司海外销售达 5000 万美元，2000 年 1.28 亿美元，2001 年 3.3 亿美元，2002 年 5.5 亿美元，2003 年 10.5 亿美元、2004 年 22.8 亿美元。正是因为坚持国际化战略不动摇，屡战屡败，屡败屡战，经过十年艰苦的拓展，终于在国际市场上取得了较大的成绩，2005 年，华为国际市场销售占总销售额的 58%。

　　2009 年对于被称为"土狼"的华为来说，正是月圆之时。这只潜心修炼多年的"土狼"，迎来了即将变身的关键时刻。美国市场突破是具有决定性意义的一场战役。在华为总裁任正非看来，美国才是他认定的真正意义上的全球主流市场。因为全球电信设备的最大买主大部分集中在北美，这个市场每年的电信设备采购量是全球电信开支的一半。而北美市场的破局，华为足足抗战了 8 年。

　　经过多年的拓展，目前华为已经发展成一家业务遍及全球 170 多个国家和地区的全球化公司。根据华为 2013 年年报披露的数据显示，其销售收入的 65% 来自海外市场，中国以外的市场在 2013 年总收入达 1550 亿元人民币，约合 249.55 亿美元。

第四节 拒绝机会主义

华为决定进军海外之后,提出了一系列打开海外市场的战略方针,其中有一条就是"海外市场拒绝机会主义"。什么叫做机会主义?根据列宁的说法:"机会主义是牺牲根本的利益,贪图暂时的、局部的利益。"

通信行业是一个投资类市场,仅靠短期的机会主义行为是不可能被客户接纳的。因此,我们拒绝机会主义,坚持面向目标市场,持之以恒地开拓市场,自始至终加强我们的营销网络、服务网络及队伍建设。

中国盛产机会主义者,就像在炒股中很多人都抱着"赌一把"的心态,缺乏扎扎实实做事的态度。在不成熟的市场环境下,机会主义者为了达到目的不择手段,很多中国企业并不专注于自身核心竞争力的提升,而是想方设法通过一些非正规化的捷径达到目的。而他们因此获得的"成功"更激发了逐利者对机会主义的热情。但是,要想在海外市场上站稳脚跟,没有真本事是难以成功的。华为拒绝机会主义的作风,由来已久。在公司创办后不久正值邓小平发表南方谈话,中国经济进入高速增长阶段。但由于投资速度过快,规模过大,导致经济过热。其中炒股狂潮和房地产热就是两种非常典型的现象,很多人疯狂地投入到炒股中,而很多企业则疯狂于房地产的投资，但任正非却不为所动，拒绝一切他认为是"机会主义"和短期行为的东西，踏踏实实走实业之路，最终换来华为的崛起。

华为作为一个以技术起家的企业，与国际通信巨头相比其技术能力并不占绝对优势，在很多方面还存在问题。在国内市场的时候，华为可以通过低价和客户关系来保障自己的市场占有率，但是在海外市场尤其是欧美等发达国家这些就行不通了。因为这些国家的技术本来就是世界第一流的，低价和关系在这里都没有市场，客户只需要最出色的技术和最优质的产品。

因此，在进军海外市场的时候，华为就制定了与国内市场有所不同的政策，要求被派驻到海外的员工一定要本着实事求是的原则，在技术和生产上来不得半点的马虎，要把每一个研发和生产步骤做到精确，要有强烈的责任心和原则性，要有把市场做大做长远的决心，拒绝机会主义，要用实力赢得海外市场。

起初，华为在海外市场的开拓举步维艰，不断碰壁，并曾一度停滞不前。直到1999年，华为的海外收入还不到总营业额的4%，但任正非并没有气馁，他清楚靠投机取巧、耍小聪明是打不开海外市场的。

任正非在考察国外市场时发现，有些国外公司的机会主义很严重，他随即指出："那些机会主义公司的客户关系是不牢固的，至少普遍客户关系不牢固。华为公司在任何国际市场都要坚决杜绝机会主义，坚持普遍客户关系原则。"

任正非强调，在海外的华为干部要下到市场第一线，海外华为办事处要"多配车，跑起来"。在海外，华为员工不要自己开车，

第九章　走出去，活下去

多雇一个当地的司机，语言又熟悉，还作为半个保镖，解决安全问题。

2000年，华为进入泰国打算卖GSM相关设备，但当时的泰国移动通信市场，GSM网络已经被国外几家大的设备商瓜分殆尽，华为很难再从中分得一杯羹。如果按照一般厂商的做法，肯定是暂时撤出，等看准其他机会时再来进行市场开拓。但这种做法是典型的机会主义，是任正非明令禁止的。于是他们没有退缩，开始积极寻找市场空缺。功夫不负有心人，经过仔细的市场分析，华为人发现，当时的泰国移动运营商AIS虽然拥有180万用户，但第二大运营商DTAC紧随其后，竞争非常激烈，急需新业务来刺激用户数量的增长。

于是，华为人从试验局开始，说服AIS投入智能网建设，并且在45天内为其建立了网站。5个月后AIS收回了投资，信任开始初步建立起来。AIS在华为的帮助下，实现了滚雪球似的发展。3年时间里，AIS用户数量增加到了1200多万。从AIS开始，华为陆续与泰国其他电信运营商都建立了业务关系。2005年1月，华为又中标承建泰国CDMA移动通信网络项目，合同总值72亿泰铢（合1.86亿美元）。该项目是CATTelecom利用CDMA20001X技术建设网络，覆盖泰国51个府的计划的二期工程。华为通过精湛的技术和扎实的功夫终于在泰国站稳了脚跟。

开拓俄罗斯市场也是华为拒绝机会主义的一个典型缩影。华为在1994年就开始关注俄罗斯市场，经过5年的耕耘，华为始终没有在这块市场中有大的收获。到了1998年，俄罗斯发生了金融危机，导致整个电信业全部停滞，市场非常萧条，华为这一年一无所获。当其他公司纷纷撤出俄罗斯市场时，他们仍然坚守在俄罗斯，并继续加大投入。

1999年，俄罗斯经济的复苏开始带动电信市场的回升，电信业连续3年实现增长。而华为的坚守也获得了丰厚的回报，自2000年起，华为在俄罗斯的销售每年以100%的速度增长。2001年，华为在俄罗斯获得了上千万美元的GSM设备供应合同。2002年取得了从圣彼得堡到莫斯科近4000公里的国家光缆干线的订单。2003年华为在独联体国家的销售额达到3亿美元，占当时华为整个国际收入的1/3。2005年达到6亿美元，位居市场前列。华为在莫斯科建立了研发中心，并在独联体8个国家设了代表处，员工达1000人。俄罗斯及独联体地区成为华为在海外最稳定的市场之一。

2007年6月华为在俄罗斯历史名城圣彼得堡举办了"华为在俄罗斯10年"庆典，时任中国副总理的吴仪和俄罗斯副总理参加了庆典，来宾高度赞扬了华为对俄罗斯电信行业及中俄两国经贸关系做出的贡献。

华为这份成功来之不易，从一个不为人所看好的中国企业一点点向前移动，经过不懈的努力，其海外的销售业绩已经超过了本土。"拒绝机会主义"是任正非的信条，凭着这个信念，华为依靠实力和坚韧不拔的精神，在海外市场上扎实奋斗取得的成就，无疑已经成为中国通信界学习的标杆。

第九章 走出去，活下去

第五节 向对手学习

企业从创立到奠定在行业内具有话语权的地位，大约需要 15 年到 20 年的时间，而 15 年到 20 年这个时间段常常成为企业生命周期中从上升变为下降（衰败）的转折期。为什么会出现这种情况？其原因是企业由于在市场竞争中的胜利而对原有竞争对手的市场能力开始轻视了；对新的市场进入者，看不到了。总之，是失去了应有的市场警醒。

华为目前已经成为老牌电信设备供应商最大的威胁。最近几年，全球老牌的电信设备供应商眼睁睁看着华为抢夺市场份额，诺基亚西门子、阿尔卡特-朗讯、爱立信以及摩托罗拉等电信设备商的大合同被华为横刀夺走。华为如何保持其长盛不衰，其要诀之一就是向国际竞争对手学习。

阿里巴巴创始人马云认为，在竞争过程中，首先要选择好的竞争对手，然后最重要的是向竞争对手学习。"对手是最好的老师，我认为选择优秀的对手非常重要。"

要战胜对手，就得了解对手的优点，重视对手的优点。不了解对手就不能战胜对手。知己知彼，百战百胜，连对手都不了解又如何取胜呢？了解了对手的优点，学习对手的优点，才能找到战胜对手的方法。学习对手之长，弥补自己不足，才可以提高自己。

要进军国际市场，首先要有进军国际市场的实力。在任正非看来，华为的国际化道路注定是曲折艰险的。他说："日本的企业相比亚洲其他国家就已经比较国际化，但他们总结他们的失败之因时，还是说他们不国际化。想想华为比松下、NEC的国际化还差多少，有什么可以值得盲目自豪的。亚洲企业的国际化本来就难，我国在封闭几十年后，短短的廿年的发展，还不足以支撑国际化。华为的国际化步伐更难，仅仅因为大量的外籍员工，读不懂中文的文档，大量的国内员工英文也没过关，就足以看到华为的国际化是多么的困难。如果不克服这些困难，华为也可能是昙花一现。"

在任正非看来，此时的华为游击作风还未褪尽，国际化的管理风格尚未建立，员工的职业化水平还很低，还不完全具备在国际市场上驰骋的能力。华为的帆船一驶出大洋，就发现了问题。

2001年年初，在欢送华为的海外将士出征大会上，任正非说了这么一段意味深长的话："我们远不如朗讯、摩托罗拉、阿尔卡特、诺基亚、思科、爱立信那样有国际工作经验。我们在国外更应向竞争对手学习，把他们作为我们的老师。"

"但是我们总不能等待没有问题才去进攻。我们要在海外市场的搏击中，熟悉市场，赢得市场，培养和造就干部队伍。我们现在还十分危险，完全不具备这种能力。若三至五年之内建立不起国际化的队伍，那么中国市场一旦饱和，我们将坐以待毙。"

既然华为尚不完全具备综合性的国际化能力，是否应该延缓进入国际市场的时间？任正非的回答是否定的。他认为，华为应该在进攻国际市场的过程中学习、成熟，而不是等待、观望。正如任正

第九章 走出去,活下去

非在其文章《创新是华为发展的不竭动力》中所写:"既竞争又合作,是 21 世纪的潮流,竞争迫使所有人不停地创新,而合作使创新更加快速有效。我们不仅与国内竞争对手之间互相学习,而且与朗讯、摩托罗拉、IBM、TI 等十几家公司在未来芯片设计中结成了合作伙伴关系,为构建未来为客户服务的解决方案共同努力。"

第 章

『低调教父』任正非

|任正非|

HUAWEI'S WINTER

华 为 的 冬 天

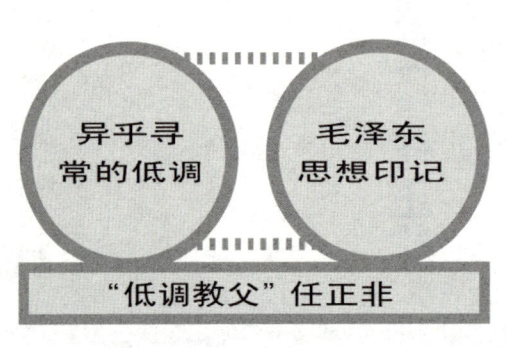

- 异乎寻常的低调
- 毛泽东思想印记

"低调教父"任正非

第十章 "低调教父"任正非

第一节 异乎寻常的低调

俗话说得好,枪打出头鸟,出头椽子先烂。华人首富李嘉诚说,保持低调,才能避免树大招风,才能避免成为别人进攻的靶子。

从1987年任正非创办华为至今,他一直保持着异乎寻常的低调。他从来不接受媒体采访,对于各种会议、评选唯恐避之不及。即便是直接有利于企业形象宣传的活动甚至政府的活动也一概拒绝。就连商人们花巨资才可以现身的媒体盛事以及很多企业家趋之若鹜的工商联副主席和全国人大代表资格,他也都守拙婉拒。"低调做人,高调做事"成了任正非一贯遵循的原则和决定华为成功的正能量。

对于不见媒体的理由,任正非的回答是:"我们有什么值得见媒体?我们天天与客户直接沟通,客户可以多批评我们,他们说了,我们改进就好了。对媒体来说,我们不能永远都好呀!不能在有点好的时候就吹牛。"

之所以这样的淡泊名利,任正非表示:"'文革'中,无论我如何努力,一切立功、受奖的机会均与我无缘。在我领导的集体中,战士们立三等功、二等功、集体二等功,几乎每年都大批涌出,而唯我这个领导者从未受过嘉奖。我已习惯了我不应得奖的平静生活,这也养成了我今天不争荣誉的心理素质。"

任正非不但自己保持低调，也要求企业做到低调。他告诫华为人："对待媒体的态度，希望全体员工都要低调，因为华为不是上市公司，所以华为不需要公示社会。"任正非认为，华为主要是对政府负责任，对企业的有效运行负责任。媒体有它们自己的运作规律，华为不要去参与。华为有的员工到网上和人辩论，其实是帮公司的倒忙。

"如果你没有权利代表华为说，就不要说。"这是华为的铁律之一。华为规定，员工不能对外发表意见。"干部个人对问题的看法，只能用电子邮件发给专用邮箱反映，而不允许未经批准擅自把电子邮件放上公告栏。当我们认为意见可以公开时，我们可以在《华为人》报、《管理优化报》上发表。不管是正面意见还是负面意见，未经批准就公开都是错误的。"

其实任正非的低调，不仅是他的性格使然，更是因为华为成就和业绩太突出、太骄人，所以，为了避免树大招风，不得不低调。在一次在国外出差的旅途上，任正非对同行人员说道："当台风来的时候，什么措施最保险？不是站得高、挺得直，而是趴下，尽量低一些，再低一下，才能不被吹倒！我们不知道什么时候会来大风，所以，我们一直要尽量低一些！"

在一次内部讲话中，任正非曾表示，"希望全体员工都要低调，因为我们不是上市公司，所以我们不需要公示社会。我们主要是对政府负责任，对企业的有效运行负责任。"

任正非几乎不接受媒体的采访，也不担任社会职务，相应也不

第十章 "低调教父"任正非

参加各类峰会。任正非得过很多奖,但从未领过奖。美国《时代周刊》评选出的 2005 年度"全球 100 名最具影响力的人物榜"中,他是唯一入选的中国企业家。同样,任正非没有给《时代周刊》面子。任正非为什么不见媒体,用他自己的话说是"因为自己有自知之明"。"见媒体说什么,说好恐怕言过其实;说不好别人又不相信,甚至还认为虚伪,只好不见为好。因此,我才耐得住寂寞,甘于平淡。我知道自己的缺点并不比优点少,并不是所谓的刻意低调。"

任正非给华为高层下了死命令:除非重要客户或合作伙伴,其他活动一律免谈,谁来游说我就撤谁的职!整个华为由此行为一致,全体以近乎本能的封闭和防御姿态面对外界。

相关政府部门曾多次想让华为将自己的发展经验拿出来与其他企业交流一下,使其有所借鉴。但任正非的反应却是:企业的个性重于共性,没有任何参照价值。而在华为内部,有一篇任正非很出名的演讲,叫《企业不能穿上红舞鞋》。在演讲中任正非提到,"红舞鞋"很诱人,但一旦穿上它就脱不下了,只能在它的带动下不停地舞蹈,直到死亡。任正非希望以此告诫华为人要经受得住诱惑,不要穿"红舞鞋",而要以平常心看待现在的成绩,继续安安静静地做事。

任正非说:"业界老说我神秘、伟大,其实我知道自己,名实不符。我不是为了抬高自己而隐起来,而是因害怕而低调的。真正聪明的是 13 万员工,以及客户的宽容与牵引,我只不过用利益分享的方式,将他们的才智黏合起来。"

近几年来,出于打开国外市场和做手机终端产品的需要,华为的对外壁垒有所松动，与境外媒体来往密切，和国内媒体的接触也灵活了不少，一些高层开始谨慎露面。另一方面，华为要做大国际市场，就必须遵照国际惯例实施规范化运作，其中就包括了处理好与媒体公关的关系。于是封闭的华为开始一点一点打开面向公众的大门，接受各方好奇的目光。但只有一个人例外，那就是任正非。

其实任正非这个在外界眼里神秘内敛、不善于表达自我的人，却被华为的员工一致认为是性情中人，心直口快，言谈直抒胸臆，并且口才出众，既可以在千人大会上旁征博引，也能在小会上口若悬河，根本不存在表达障碍。但是作为华为最高管理者，任正非一直坚信企业持续的发展依赖于自身绝对的安全，所以他的言论都限于一定范围以内，不愿自己的言行成为外界关注的对象。在他看来，保护自己的最好方式就是不暴露，尽管这样做会有很多损失，却能规避更多不可预知的风险。

一位陪同全球最大的移动通信运营商沃尔丰总裁造访华为的人士在中午就餐后走出餐厅，发现一个老者坐在大厅的沙发上等人。老者身着休闲西装，并未打领带，车钥匙放在一边，乍一看以为是司机。仔细一看，原来是华为总裁任正非，他在等待与访客叙聊。

在社会上盛传着这样一个故事：一个风和日丽的下午，在华为公司总部，两个女职员在电梯里抱怨着公司财务制度上的一点小问题。她们注意到电梯里还有一个面貌敦厚的长者，但她们当时并没有当回事，因为这个人太普通了。这两个女职员第二天被告知，她们所抱怨的那个问题已经解决。她们惊问为什么，对方告诉她们，任总亲自打来电话，云云……此时，她们惊呆了。

第十章 "低调教父"任正非

人们常常说,企业如人,一个企业家的性格就是这个企业的性格,创始人尤其如此。所以当你见到华为总裁任正非时,你就不会惊诧为什么这么多年,华为一直那么低调。与同时代同样优秀的其他企业家相比,任正非仍然是如此的另类,一反他以往抢占战略高地时的心态,却甘愿把自己藏于九地之下。他从来不见媒体,总是小心翼翼地将自己隐藏在聚光灯的后面。《中国企业家》杂志前总编牛文文曾说:"因为职业特点,我几乎和中国所有的大企业领袖见过面,任正非是唯一的例外。"

任正非虽然不接受媒体采访,但其却一直是媒体关注的热门人物。2010年,《福布斯》(中文版)首次推出有12人入选的"最受国际尊敬的中国企业家"年度人物榜,任正非高居榜首。《福布斯》(中文版)表示,任正非虽然不喜欢在公众面前露面,但他在全球大型跨国公司领袖中受到尊敬的程度,在中国国内无人能出其右,华为至今仍然几乎是唯一在高科技领域内具有全球竞争力的中国内地跨国公司。

2013年,任正非开始一点点撕掉外界贴给他以及华为的"低调""神秘"标签,频频与海外媒体沟通,一方面缘于华为公司治理越来越透明化;另一方面,这些海外市场对华为来说也非常重要,任正非接受媒体访问有助于帮助华为拓展当地市场。而此时的任正非特意强调,自己一贯不是一个低调的人,否则不可能鼓动十几万华为人。

第二节 毛泽东思想印记

蒋介石曾经这样评价毛泽东,"毛泽东打仗是艺术,是高超的艺术。我们要研究毛泽东,要学习毛泽东。"不仅仅是在军事领域,毛泽东思想备受推崇,在经济领域,毛泽东的思想也被"毛派企业家"灵活运用。

在中国企业界,出现过很多将毛泽东思想运用于公司管理与企业发展的故事。这批能够熟练运用毛泽东战略战术,甚至在文章讲话中习惯于"夹带"上几句毛主席语录的企业家,年龄范围集中在20世纪的40后到70后之间。对他们来说,治大国若烹小鲜,举重若轻和举轻若重同样重要。

1964年出生的马云小时候在"文革"中度过,但这并没有妨碍他对于毛泽东思想的关注和研读。在他看来,毛泽东思想有很多是值得企业家学习借鉴的。"我觉得我们这代人,20世纪60年代的人不可避免地都学习过毛泽东思想。"

2001年到2003年是阿里巴巴最艰难的时期,马云就推行过三种"毛泽东式"的管理运动。他认为,这种形式对于企业管理变革而言,是最为有效的。而在阿里巴巴的体制中,甚至还曾直接照搬过红军的"政委"系统。

第十章 "低调教父"任正非

任正非身上也烙上了毛泽东时代的深深印记,他在部队期间就是"学毛标兵",很喜欢读《毛泽东选集》。所以其讲话、办事、为人处世的态度和做事方法都带有浓厚的毛泽东风格。对毛泽东的军事理论、群众路线、矛盾论和辩证唯物主义等思想都有着深刻的理解。

华为在开始创业的最初几年里发展迅猛,市场拉动作用显著,但由于当时的管理体系还不健全,管理上只能更多地依靠领导者的个人智慧和远见卓识,因此在这个时期,企业家个人的决策作用和领导能力对企业的发展起着决定性的作用。在创业时期自觉不自觉地将毛泽东思想活用到了华为的管理过程中。可以说,华为的管理思想基础,就是毛泽东思想在企业中的"活学活用"。

对外,华为的市场攻略、客户政策、竞争策略以及内部管理与运作,无不深深打上传统权谋智慧和"毛式"斗争哲学的烙印。最典型的一个例子要数华为初期"农村包围城市"战略的运用。1992年,以阿尔卡特、朗讯、北电等为代表的跨国巨头仍然把持着国内电信市场。这一年,华为自主研发出交换机及设备,任正非以"农村包围城市"的战略迅速攻城略地,狠狠地打击了跨国电信巨头的气焰,使得通信设备价格也直线下降。1996年,华为开始在全球依法炮制,蚕食欧美电信商的市场。

对内,任正非的讲话和宣传资料,字里行间跳动着战争术语,极富煽动性。华为在内部还有例行的民主生活会,不变的主题是批评与自我批评,以至于被人说成是"搞运动""洗脑"。

毛泽东在《战略问题》中,对他的军事思想、军事原则之本质，作过这样朴素的阐述："我们的战略是'以一当十'，我们的战术是'以十当一'，这是我们战胜敌人的根本法则之一"，"我们是以少胜多的——我们向整个中国统治者这样说，我们又是以多胜少的——我们向战场上作战的各个局部的敌人这样说"。

根据毛泽东的这些思想，华为从一开始就确立了"农村包围城市，逐步占领城市"，"压强原则"（集中兵力、各个击破）等带有浓重的"毛式特点"的市场战略。华为从广大农村和福建等落后省份开始，把主要竞争对手的"兵力"引向其薄弱地区，拉长战线，"这种时候，敌军虽强，也大大减弱了；兵力疲劳，士气沮丧，许多弱点都暴露出来"。然后，华为再采取"人海战术"（集中兵力），各个击破空白市场（拿下一个县一个县的电信局）。当然，任正非在将毛泽东的这些思想运用到企业实践当中的时候，绝不是照抄照搬，一味模仿，而是结合当时的国情、市场特点，根据企业的自身优势制定的。

除了在市场上灵活运用毛泽东的这些经典战略理论之外，任正非在企业内部的管理当中也深受毛泽东思想的影响。他在华为发动的声势浩大的"群众运动"和持续至今的"思想政治教育"已经成为众多企业管理教科书上的典型案例。

1995年9月，任正非在公司内发起"华为兴亡，我的责任"企业文化大讨论；1996年2月，市场部集体大辞职，引发干部能上能下大讨论；1996年12月，《华为基本法》启动大讨论，参与人员从高层到中层，从中层又扩大到普通员工，又由企业内部扩大到员工的家庭、合作单位以及社会各界。而类似的群众运动还包括战前动

第十章 "低调教父"任正非

员、革命歌曲大合唱等。其方式主要是开会、讲话、学习讲话。其目的就是解放精神上的生产力。

任正非这些企业管理思想的基础，就是毛泽东的唯物辩证法。而对于辩证法的核心——对立统一法则，即矛盾法则，任正非更是有着深刻的理解，他认为伟大的成就来自点滴的进步，他反对空洞的理想，提倡学习德国人一丝不苟的实干精神，并将矛盾的原则和方法灵活运用于认识企业这一客观事物当中。任正非说："华为公司今天的问题不是战略问题，而是怎样才能生存下去的问题。我们在座的都很年轻，都是向日葵。但是，年轻的最大问题就是没有经验。公司发展很快，你既没有理论基础，又没有实践经验，华为公司怎么能搞得好？如果我们再鼓励'大家来提大建议呀，提战略决策呀'，那我看，华为公司肯定就是墙头上的芦苇，风一吹就倒，没有希望。那么，怎么办呢？就是要坚持'小改进，大奖励'，为什么？它会提高你的本领，提高你的能力，提高你的管理技巧，你一辈子都会受益。"

通过活学活用毛泽东的这些战略思想，华为在各个方面都取得了令人瞩目的成就。通过"农村包围城市"和"压强原则"，华为在当时激烈的市场竞争中打败包括北电在内的国际著名厂商，树立了自己在中国通信业的地位；"人海战术"则使没有什么客户基础、没有什么品牌知名度的华为提高了声誉，获得了大批的订单；而在管理方面，凭着专门为弱者提供出奇制胜战胜强者的方法的毛泽东思想武器，使一无技术、二无资金的华为迅速成长，并最终为企业聚集了大批甘愿奉献自己的优秀人才。

后记
POSTSCRIPT

写华为的书有很多，但是，没有一本是深入研究华为的冬天与危机哲学的，而任正非关于华为的冬天的警示，是始终贯穿于华为企业管理的核心。因此，从这个角度去关注华为，了解华为，笔者非常感兴趣，并投入了三年的时间与精力，从而使得本书得以完成和出版。

在本书写作过程中，作者查阅、参考了与华为有关的大量的文献和作品，并从中得到了不少启悟，也借鉴了许多非常有价值的观点及案例。但由于资料来源广泛，加上时间仓促，部分资料未能（正确）注明来源及联系版权拥有者并支付稿酬，希望相关版权拥有者见到本声明后及时与我们联系，我们都将按国家有关规定向版权拥有者支付稿酬。在此，深深表示歉意与感谢。

由于写作者水平有限，书中不足之处在所难免，诚请广大读者指正。另外姜典强、陈熹博、李永艳、王海坤、赵志华、陈瑞专、李宝贵、黄勇等人也参与了本书的编写并付出了辛勤劳动，在此一并感谢。